研究者・留学生のための
# アメリカビザ取得完全マニュアル

著　　大藏昌枝（Taylor English Duma LLP、ジョージア州弁護士）
監修　大須賀 覚（エモリー大学ウィンシップ癌研究所）
　　　野口剛史（OFS Fitel LLC、ジョージア州弁護士）

【注意事項】本書の情報について ─────────────────────────
　本書に記載されている内容は，発行時点における最新の情報に基づき，正確を期するよう，執筆者，監修・編者ならびに出版社はそれぞれ最善の努力を払っております．しかし科学・医学・医療の進歩により，定義や概念，技術の操作方法や診療の方針が変更となり，本書をご使用になる時点においては記載された内容が正確かつ完全ではなくなる場合がございます．また，本書に記載されている企業名や商品名，URL等の情報が予告なく変更される場合もございますのでご了承ください．

## はじめに

◇

　アメリカは学術研究の分野において世界最先端を走っており，またビジネス分野でも世界を牽引しています．そのため，毎年何万人規模の日本人が，学生や研究者として留学しています．アメリカ留学はその人たちに多くの経験や技術を提供して，キャリアを構築するための重要なきっかけとなっています．

　ビザ取得はアメリカに学生や研究者として留学する場合に必須です．ただ，このビザ取得の手続きはたいへんに煩雑で，多くの知識と準備を必要とします．そのため，アメリカに留学した人のほぼ全員が，このビザ取得で何らかの苦しい思いをした経験を持っています．このアメリカビザの取得に失敗して，留学を諦めざるを得なくなったりする人も実際に存在しますし，ビザシステムをしっかりと理解しなかったために，夢半ばで帰国を余儀なくされたり，不法滞在という嫌疑をかけられてトラブルにあうケースもあります．ビザ制度をよく理解して，必要な対処を的確にすることは，アメリカ留学を成功させるうえでの最重要課題です．

　一般人がアメリカビザ制度を正しく理解することはとてもたいへんです．ビザ自体の種類は約20種類以上もあり，それぞれのビザ取得には別々の必須条件・準備書類・取得プロセスを要します．また，このビザシステムはダイナミックに時とともに変更されています．そのため，アメリカではこのビザなどの移民法を専門にしている弁護士が多数存在しているほどです．ビザの取得・更新にはたくさんの知識と作業が必要となります．

　留学生は専門家ではありません．にもかかわらず，短い留学準備期間の中で，どのビザを取得すべきなのか，何の書類を準備する必要があるのかなど，多くのことを調べて対処する必要があります．ビジネスマンのアメリカ転勤の場合には，多くの場合，会社が弁護士に相談して書類を用意するので，本人が面倒な手続きをする必要がありませんが，多くの学生や研究

者は，大金を出して弁護士を雇う余裕もありませんので，なんとか自分でネットや書籍などで調べて解決しようとします．

では，このアメリカビザについて詳しく解説している日本人向けのサイトや，書籍などは充実しているのでしょうか？残念ながら，ほとんど存在していなのが現状です．見つかっても断片的な情報であったり，古い情報であったりして，本当に信頼していいのか心配になるものばかりです．そして，この現実に留学生は打ちひしがれることになります．英語で書かれているサイトはいくつか存在しているのですが，日本人向けの情報ではないし，何より難しい法律用語も散りばめた英語で書かれているため，留学前の人にとっては理解するのは容易ではありません．私自身の経験や，周りの留学中の日本人の話から考えると，情報収集にはとても苦労します．

そのような難しい状況があるため，留学生は実際にかなり困っており，それらを何とか打破できないかと私は考えていました．そこで最近，私が代表を務めている「アトランタ日本人研究者の会」と，本書のもう一人の監修者である野口弁護士が主催しているアメリカの法律情報をウェブで無料公開する組織である「Open Legal Community」が協力して，この問題を解説するための，アメリカビザに関するウェビナーを共同企画しました．講師には，移民法弁護士のなかでとても数が少ない日本人の一人である大藏先生をお招きして，2017年4月21日に公開ウェビナーを開催しました．この会は，多くの留学している研究者や大学院生，これから留学をしようとしている人からもたいへんに注目されまして，最終的に600名を超える参加者を集めて，2時間半にわたる熱のこもったセミナーを開催しました．

このセミナーの反響はとても大きく，やはり多くの留学生がビザの問題で困っていることを再認識しました．そこで，さらにこの問題を解決する方法はないかと考えまして，大藏先生と野口先生とともに，アメリカビザに関する書

籍を出版して，留学生のもとにしっかりとした形で情報を渡したいと思うに至りました．膨大なビザに関した情報のなかでも，本書はビザ新規取得にフォーカスして，これからアメリカ留学を準備している学生・研究者がスムーズに一人でビザ取得手続きができるように作られています．各手順の解説から巻末のQ&Aまで，留学生が抱くことが多いビザ取得に関した疑問点を網羅していますので，この本を読んでいただければ不安なくビザ取得を進めるのではと思います．

　この書籍を利用する際に1点注意していただきたいことがあります．本書には出版時点での正確な情報を載せるよう努めてはいますが，ビザの法律は頻繁に変更がされています．ビザ申請の際には，ご自身で最新情報がどうなっているのかを，アメリカ政府のサイトなどで必ずご確認ください．この書籍ではその最新情報を確認するためのリンクも提供しています．また，大藏先生と野口先生はビザに関した最新情報を日本語で報告するサイト（**https://usvisastation.com/**）も公開しておりますので，そちらもご参考になさってください．

　アメリカで新たな挑戦をしたいと思っている学生や研究者が，この書籍を手にすることで，留学の最初の関門であるビザ申請を，安心してスムーズに乗り越えられるようになることを願っております．

2018年10月
エモリー大学ウィンシップ癌研究所
大須賀 覚

◇

　私がはじめてアメリカに留学した2002年は，アメリカ同時多発テロ9・11が起きた翌年でした．テロが起きた9月には，学生ビザの手続き準備をすでにはじめていたのですが，ビザが貼られたパスポートが送られてくるまで，ビザが無事におりるか不安な日々を過ごしていました．

　当時は，ビザ取得に関するまとまった情報を得るのは難しかったですが，なんとか自分でビザが取得できました．しかし，その頃と学生ビザ取得の環境は大きく変わりました．政権交代の影響などで，学生ビザを新規取得することはより難しくなったと思います．

　私は留学し航空宇宙工学を修めた後，法科大学に通い，現在は知財・特許に関する弁護士として働く傍ら，日本人のためにアメリカ法律情報を提供するサイトを運営しています．そんな時に，「アトランタ日本人研究者の会」の代表を務めている大須賀さんからビザに関するウェビナーを一緒にやらないかとオファーをいただきました．私は弁護士ですが，専門が違うため移民法が専門の大藏弁護士を講師に招き，ウェビナーを一緒に開きました．このウェビナーは大好評で，アメリカのビザ情報に関する大きなニーズを再認識しました．

　このような実際の体験がきっかけで，この『研究者・留学生のためのアメリカビザ取得完全マニュアル』が生まれました．ウェビナーではカバーできなかった具体的な手続きの流れを含めて，まさに研究者・留学生が必要としているアメリカビザ情報がコンパクトにまとまったマニュアル本が完成しました．

　大藏弁護士には研究者や留学生としてアメリカに来る際の，ビザ新規取得手続きを詳細に解説していただきました．また，留学経験のある大須賀さんや私が，アメリカのビザに関する知識がない人でも分かりやすいように，言葉などを噛み砕いた編集を加えました．まさに，研究や留学のため

にアメリカに来る際の，ビザ情報がこの1冊に簡潔にまとまっていますので，これからビザを新規取得し，アメリカに来たいと思っている一人一人にぜひ使っていただきたいと思っています．

ビザに関する取り決め（移民法）は常に変わっています．この本が出版されてからも，さまざまな制度が変更されていく可能性があります．我々は，それらの変更をフォローして報告するサイト（https://usvisastation.com/）を運営しています．この本とともに，サイトの情報も参考にしてもらい，間違いのないビザ申請手続きを進めてもらえればと思います．

この本を参考にしてもらい，多くの人のアメリカ留学が順風満帆にスタートすることを祈っています．

**2018年10月**
**ジョージア州弁護士**
**野口剛史**

研究者・留学生のためのアメリカビザ取得完全マニュアル
目次

はじめに 3

# 第1章 アメリカビザの基礎知識 11

**1-1 ビザとは何か？** 12
ビザ（査証）とは？／ビザが必要な人は誰か？／ビザと滞在資格との違いは？

**1-2 アメリカのビザにはどんな種類があるのか？** 15
日本人が申請可能な短期滞在型ビザの種類／配偶者と子供のビザ

**1-3 新規取得の大まかな流れ** 17
渡米目的とビザ種類の選択／学生のビザ選択／研究者のビザ選択／企業研修のビザ選択／申請書類の準備／DS-160ビザ申請書類の作成／ビザ申請費用の支払い／ビザ面接予約／ビザ面接／第2次審査／審査状況の確認／ビザ発給／航空券の手配・渡航

**1-4 入国・滞在時の注意** 35
入国に際して／入国後の注意点

# 第2章 F-1 学生ビザ 39

**2-1 F-1 学生ビザとは？** 40
アメリカで学生をするためのビザ／F-1ビザを取得できるのはどんな学校なのか？／F-1ビザにより何年間滞在できるのか？／不法滞在／移民する意思は見せてはいけない／配偶者・子供のビザは？

**2-2 F-1ビザの取得方法と必要書類の準備** 45
F-1ビザ取得の流れ／必要書類

**2-3 F-1ビザの面接** 61
面接予約／大使館面接

### 2-4 入国・滞在時の注意　80

入国時の注意／日本に一時帰国する際の注意点／滞在資格の違反／就労に関して

## 第3章　J-1 交流訪問者ビザ　87

### 3-1 J-1ビザとは？　88

J-1ビザの特徴／各プログラムの特徴／Jビザを取得できるのはどの機関？／ビザの期限と滞在期間／No Dual Intent Protection／2年間の自国待機条件／配偶者・子供のビザは？

### 3-2 J-1ビザの取得方法と必要書類の準備　106

J-1ビザ取得の流れ／ビザ申請に必要な書類

### 3-3 J-1ビザの面接　111

面接予約／大使館面接

### 3-4 入国・滞在時の注意　118

入国時の注意／入国後の注意

## 第4章　その他のビザ　127

### 4-1 その他のビザ　128

### 4-2 H-1B 専門職ビザ　130

H-1Bビザとは？／H-1Bビザの申請時期と年間発行枠／年間枠免除期間／雇用主変更・同時雇用／Dual Intent Protection／配偶者と子供のビザは？／配偶者の就労許可証／H-1Bビザの申請方法

### 4-3 E 条約ビザ　136

E条約ビザとは？／E-1条約貿易商ビザ／E-2条約投資家ビザ／Eビザ申請者資格条件／Eビザの有効期限／Eビザ会社登録と申請時期／雇用主変更／Dual Intent Protection／配偶者と子供のビザは？／配偶者の就労許可証／Eビザの申請方法

### 4-4 L 関連会社間移動ビザ　142

Lビザとは？／Lビザ派遣社員の資格条件／Lビザの有効期限／Lビザ

の申請時期／Dual Intent Protection／配偶者と子供のビザは？／配偶者の就労許可証／L-1ビザの申請方法／Lビザの一括申請（L Blanket Petition）

**4-5 O 特殊技能ビザ　148**

Oビザとは？／Oビザ有効期限／Oビザ申請時期／Dual Intent Protection／配偶者と子供のビザは？／配偶者の就労許可証／Oビザの申請方法

**Q&A―アメリカビザに関したよくある質問にお答えします　152**
**用語集　165**
**あとがき　169**

---

### 本書の関連ウェブサイトについて（編集部より）

　本書には発行時点の情報を掲載していますが，アメリカビザの制度は，常に変化を続けています．実際の申請においては，下記のサイトで最新の情報を確認いただくことをお願いいたします．

・著者の大藏先生と監修の野口先生が運営するサイト「US VISA Station」では，アメリカビザ・移民関連の情報を提供いただいております．
　⇒ https://usvisastation.com/
・本書に掲載したアメリカ政府のサイトへのリンク一覧を，羊土社「実験医学online」の本書紹介ページよりご覧いただけます．
　⇒ https://www.yodosha.co.jp/jikkenigaku/

---

本出版に関する注意事項
（DISCLAIMER）

本出版物に掲載された情報は，弁護士として法律上または専門的なアドバイスの提供を意図したものではなく，一般的情報の提供を目的とするものです．また，記載されている情報に関しては，出版時点で可能な限り正確なものにする努力をしておりますが，法律や政府の方針は頻繁に変更されるものでもあり，正確さについての保証はできません．実際の法律問題の処理に当たっては，必ず専門の弁護士もしくは専門家の意見を求めて下さい．テイラー・イングリッシュ・ドゥマ法律事務所および筆者はこの記事に含まれる情報を現実の問題に適用することによって生じる結果や損失に関して何ら責任を負うことは出来ませんのであらかじめご承知おき下さい．

# 第1章
## アメリカビザの基礎知識

| | |
|---|---|
| 1-1 ビザとは何か？ | 12 |
| 1-2 アメリカのビザにはどんな種類があるのか？ | 15 |
| 1-3 新規取得の大まかな流れ | 17 |
| 1-4 入国・滞在時の注意 | 35 |

The Complete Guide to US Visas *for Students and Researchers*　　　Chapter 1-1

# ビザとは何か？

## ビザ（査証）とは？

　ビザ（査証）とは，パスポートに貼られるスタンプのことで，自国以外の国に入国するために必要なものです．日本からアメリカへ渡航する場合，旅行者は渡航前に自国にあるアメリカ大使館かアメリカ領事館でこのビザ・スタンプの申請を行い，渡航目的や受け入れ先についての審査を経て，申請内容が認められればビザ・スタンプが発行されます．アメリカに留学する場合にはこのビザの取得が第一関門となります．ただし，ビザは入国を保証するものではなく，入国の際に再度入国目的などについて審査されます．

## ビザが必要な人は誰か？

　アメリカと日本は友好国であって，グアムなどの観光地にも気楽に旅行ができて，国際学会などで訪問する際も簡単に入国できます．そのため，留学で入国することは簡単なことだと思っている人もいるかもしれません．たしかに，日本国籍保有者は，90日以内の観光・短期商用目的渡航する場合は，ビザ免除プログラムの条件を満たせば，ビザなしでアメリカを訪問することができます（詳しくは https://www.cbp.gov/travel/international-visitors/esta）．しかし，観光や短期商用目的以外でアメリカを訪問するためには，渡米目的に応じたビザを取得しなければなりません．つまり，これからアメリカに研究留学したいと思っている方や，大学などへの留学を考えている方は，必ずビザを事前に取得しないといけないことになります．旅行者は日本のアメリカ大使館かアメリカ領事館に申請を行い，渡航前までにビザ取得を終わらせる必要があります．

> 留学にはビザが必要

## ビザと滞在資格との違いは？

　アメリカに合法に入国し滞在するためには，基本的に二つの許可が必要です．その二つとはビザと滞在許可になります．ビザとは，入国時に必要なものです．もう一つの滞在許可とは，いつからいつまでアメリカに滞在してよいという許可証に相当します．まずは，渡米前に日本のアメリカ大使館もしくはアメリカ総領事館でビザ・スタンプを申請し，それが発行されたら，次にアメリカに入国の際に入国審査官がビザ・スタンプの内容に応じたビザ種類と滞在期間をシステムに記入し，滞在を許可します．とても注意が必要なこととしては，ビザ・スタンプと滞在許可期限の有効期間が一致しないことがあります．そのあたりを詳しくご説明します．

> ビザと滞在許可の有効期間は異なる場合があるので，
> それぞれの期限を確認

　ビザ・スタンプとは旅券（パスポート）に貼られるスタンプのことで，入国時に必要な通行手形のような役割を果たします．アメリカに入国するときに入国審査官は旅行者のパスポートの身分証明ページとビザ・スタンプのページの確認を行い，問題が見当たらなければ入国を許可してくれます．入国審査官は入国を許可すると同時に，オンラインの入国情報システム（I-94）に入国情報，つまり，入国したビザ種類とアメリカ国内での滞在期間を記入します．ビザ・スタンプの期間とアメリカでの滞在期間は必ずしも一致しません．

　例えば，B-2 観光ビザ・スタンプの有効期限は 10 年間ありますが，入国時には入国目的に応じて，通常は 90 〜 180 日ほどの滞在期間を許可されます．したがって，ビザ・スタンプが 10 年間有効であっても，アメリカ国内にはオンラインの出入国記録（I-94）に書かれた期間までしか滞在することができません．逆に，3 年間有効な H-1B 短期就労ビザ・スタンプを取得してアメリカに入国した人が，3 年後にアメリカ国内にて H-1B の滞在資格(I-94）を延長した場合，ビザ・スタンプはすでに失効していても，アメリカ国

内での滞在資格が延長されます．この場合，アメリカを出国しない限りは，国内での滞在資格は合法となりますが，いったん国外に出てしまえば，再度アメリカに入国するためには，国外のアメリカ大使館かアメリカ領事館で再度ビザ・スタンプを申請して，新しいビザ・スタンプでアメリカに入国することが必要になります．つまり，ビザ・スタンプはアメリカに入国時に有効である必要があり，入国後は失効してもかまわないものです．入国後の滞在資格は I-94 に書かれた期間までとなるので，アメリカに入国した後は I-94 の期限が切れないように注意する必要があります．

まとめると，アメリカに長期滞在するためには I-94 入国記録の滞在許可が切れていないことに注意する必要があり，一度出国して再入国をする場合にはビザの期限が切れていないことに注意が必要です．ただし，学生ビザなど特定の滞在期間が書かれていないビザもあります．詳しくは第1章-4を参照してください．

> 入国時はビザの期限が大切，滞在中は滞在許可の期限が大切

I-94 入国記録

ビザ・スタンプ

https://www.ice.gov/doclib/sevis/pdf/i94-fact-sheet.pdf

http://www.hio.harvard.edu/sites/hio.harvard.edu/files/HIOFiles/Documents/Sample-U.-S.-Visa_0.jpg （写真以外）

The Complete Guide to US Visas *for Students and Researchers*　　Chapter 1-2

# アメリカのビザにはどんな種類があるのか？

## 日本人が申請可能な短期滞在型ビザの種類

　以下の表に，日本人が取得可能な短期訪問，就労，就学のビザの種類をまとめました．とてもたくさん種類があって，どれを取ればよいかと，戸惑われるかもしれません．どのビザを選ぶべきかは，アメリカで行う仕事内容，受け入れ先などによって決まります．詳細については第1章-3で解説いたします．

| | |
|---|---|
| B-1 | 商用による短期滞在者 |
| B-2 | 観光による短期滞在者 |
| E-1 | 通商航海条約に基づく貿易ビザ |
| E-2 | 通商航海条約に基づく投資ビザ |
| F | 留学生 |
| H-1B | 専門職短期就労ビザ |
| H-3 | 企業研修者 |
| I | 外国報道機関関係者 |
| J-1 | 企業研修者 |
| L | 企業内転勤者 |
| M | 職業訓練のための短期留学生 |
| O | 科学,芸術,ビジネス,スポーツの分野で卓越した能力を持つ者 |
| P | 芸術家,芸能人,スポーツ選手 |
| Q | 国際文化交流に参加する者 |
| R | 宗教活動家 |
| S | 特定犯罪情報提供者ビザ |

　学生ビザについては https://travel.state.gov/content/travel/en/us-visas/study/student-visa.html を参考のこと．
　交換留学ビザについては https://travel.state.gov/content/travel/en/us-visas/study/exchange.html を参考のこと．
　短期就労ビザについては https://travel.state.gov/content/travel/en/us-visas/employment.html を参考のこと．

## 配偶者と子供のビザ

　配偶者や子供を連れて渡米する方もいらっしゃるかと思います．その場合は，ビザ申請者のビザに付帯する形で，配偶者と 21 歳未満の子供は通常同伴家族として，一緒にビザ申請ができます．

　ビザ申請者のビザにはアメリカ内で行える活動に制限があるように，配偶者のビザにもさまざまな活動条件があります．E ビザ，L ビザ，J-1 ビザの配偶者はアメリカ国内で，就労許可証を取得することで，労働することが可能です．ただ，それが許されないビザもあります．詳しくはそれぞれの種類のビザの項目で解説します．

The Complete Guide to US Visas *for Students and Researchers*　　Chapter 1-3

# 新規取得の大まかな流れ

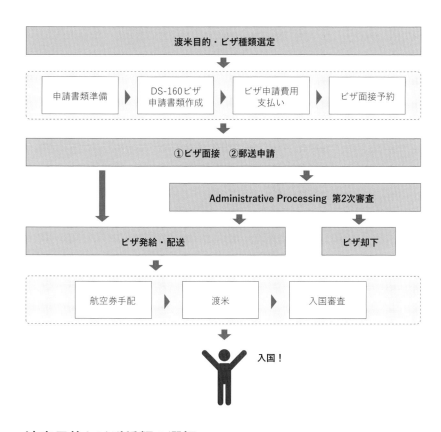

## 渡米目的とビザ種類の選択

　まずは次ページからのチャートを参考に，自分が取得するべきビザがどれなのかを検討してみてください．渡米目的，希望滞在期間に応じてビザの種類を決めます．こちらのアメリカ大使館の情報もご参照ください．

（http://ustraveldocs.com/jp_jp/jp-niv-visatypeinfo.asp#niv）

## 学生のビザ選択

　学生として留学する際のビザ選択については以下のチャートを参考にしてください．目的が大学・大学院・学術機関などの学位プログラムの場合は，F-1 か J-1 ビザを選択することになります．どちらが適しているかは留学先の機関と相談してください．主な違いは，ビザ取得時に求められる資金や，配偶者の就労の可否などとなります．語学研修目的で渡米する場合には，ビザ申請に必要な I-20 を発行する学校であれば F-1 ビザを申請します．短期の語学研修であれば，ESTA を利用することもできます．ESTA とはビザ免除プログラムのことで，商用や観光目的で 90 日までアメリカに滞在することができます．オンラインで個人情報を登録して申請すれば，ESTA での渡米は 2 年間有効となります．

　90 日以上で半年未満の語学研修であれば，B-2 観光ビザを申請する方法もあります．B ビザには B-1 短期商用ビザと B-2 観光ビザがありますが，いずれも日本国籍者の場合，ビザ・スタンプは 10 年間有効です．ビザが有効な間は複数回アメリカに入国することができますが，一回の滞在は入国目的に応じて通常 90 日から 180 日許されます．

　しかしながら，ESTA や B-2 で入国すると，アメリカで運転免許を申請できない，銀行口座が開設できないなど不便があるのと，入国官によっては学生ビザをとり直して入国するようにいわれる場合もあるため，I-20 を発行する学校であれば，F-1 か J-1 ビザを申請したほうが無難でしょう．J-1，F-1 のどちらが適切かは渡航先機関と相談してください．ESTA は 90 日以内の滞在に限られます．

```
                          学生ビザ
                    ↓              ↓
                語学研修          学位プログラム
          ↓         ↓         ↓         ↓
```

| ESTA | B-2 | F-1 | J-1 |
|---|---|---|---|
| **機関**:短期語学プログラムなど | **機関**:短期語学プログラムなど | **機関**:大学・大学院・博士課程, 語学研修等 | **機関**:大学・大学院・学術機関 |
| **期間**:90日まで | **期間**:30〜180日± | **期間**:D/S, I-20に記載のプログラム期間まで | **期間**:D/S, DS-2019に記載のプログラム期間まで |
| **資金**:滞在期間中の生活資金 | **資金**:滞在期間中の生活資金 | **資金**:一年目の学費と生活費 | **資金**:プログラム全体の間の生活資金 |
| **延長**:不可 | **延長**:可 | 米国内で延長・転校可 | **延長**:プログラムによる |
| **就労**:不可 | **就労**:不可 | **就労**:オン・キャンパス CPT, OPT・STEM-OPT | **就労**:オン・キャンパス, Academic-Training |
| **配偶者就労**:不可 | **配偶者就労**:不可 | **配偶者就労**:不可 | **配偶者就労**:可 |
| **Dual Intent**:なし | **Dual Intent**:なし | **Dual Intent**:なし | **Dual Intent**:なし |
|  |  | 第2章参照 | 第3章参照 |

※ Dual Intent とは,将来アメリカに永住する意思があることを表明できるかを意味します(第2章-1参照)

## 研究者のビザ選択

研究者にはさまざまなビザの選択肢があります．一般的にアメリカ国内研究室に所属して，研究業務に従事する場合には，J-1, H-1B, O-1, L-1, E-1/E-2 のいずれかのビザを取得することが必要になります．どのビザを取得すべきかは，まずアメリカの研究機関に相談してください．

日本からスカラーシップ（海外学振等）などの資金援助を得て留学する

```
┌─────────────────────────────┐
│         研究者ビザ           │
└─────────────────────────────┘
              ↓
┌─────────────────────────────┐
│    アメリカ国内での収入なし    │
└─────────────────────────────┘
```

**ESTA**
**渡米目的**：個人で研究することが目的で，アメリカを源泉とする報酬を受けず研究結果がアメリカ機関の利益にならない場合．
**雇用制限**：アメリカ国外で雇用が続いていること，アメリカ国外で収入を得ていること
**期間**：90日まで
**延長**：不可
**アメリカ国内収入**：不可
**申請資格**：経歴，目的
**申請時期**：制限無
**配偶者就労**：不可
**Dual Intent**：なし

**B-1**
**渡米目的**：個人で研究することが目的で，アメリカを源泉とする報酬を受けず研究結果がアメリカ機関の利益にならない場合．
**雇用制限**：アメリカ国外で雇用が続いていること，アメリカ国外で収入を得ていること
**期間**：30〜180日±
**延長**：可
**アメリカ国内収入**：不可
**申請資格**：経歴，目的
**申請時期**：制限無
**配偶者就労**：不可
**Dual Intent**：なし

**J-1**
**機関**：大学・大学院・学術機関，一般企業での研究．
**雇用**：アメリカでの雇用，もしくは自国からの資金援助．
**期間**：D/S，プログラム期間まで
**延長**：プログラムによる
**アメリカ国内収入**：J-1スポンサーの許可必要
**申請資格**：学歴，経歴，目的
**申請時期**：制限無
**雇用制限**：2年間の海外待機条件（*ウェイバーについてページXを参照）
**配偶者就労**：可
**Dual Intent**：なし

第3章参照

場合には，一般に J-1 ビザを申請することができます．アメリカの研究機関から給与をもらって研究をする場合には，J-1, H-1B, O-1, L-1, E-1/E-2 のいずれかになりますが，J-1 の場合はアメリカの教育機関や研究施設から受け取る報酬に対する税金が 2 年間免除される特典と，配偶者が就労できるというメリットがあります．H-1B は大学の専攻内容と研究内容が一致している人が対象となりますが，ここ数年間は規定の年間枠を大幅に超える申請があるために，毎年 4 月の初週で受付が締め切られています．ただし，

**アメリカ国内での収入あり**

### O-1

**渡米目的**：アメリカの研究施設，大学機関，企業などでの研究．
**雇用**：アメリカで雇用
**期間**：初回3年
**延長**：1年ごとに延長可
**アメリカ国内収入**：可
**申請資格**：卓越した業績
**申請時期**：制限無
**雇用制限**：スポンサー雇用主での雇用
**配偶者就労**：不可
**Dual Intent**：なし

第4章-5参照

### H-1B

**渡米目的**：アメリカの研究施設，大学機関，企業などでの研究．
**雇用**：アメリカで雇用
**期間**：初回3年，最長6年
**延長**：一回に3年まで延長可，永住権を申請していれば6年目以降延長可
**アメリカ国内収入**：可，平均賃金以上
**申請資格**：四年制大学卒業，関連専攻分野
**申請時期**：4月の初週（無作為の抽選），年間枠免除期間であれば申請時期に制限無
**雇用制限**：スポンサー雇用主での雇用限定，雇用場所や雇用条件に変更あれば，事前に訂正申請提出，複数雇用主での雇用可（各雇用主が独自に申請），パート雇用申請可
**配偶者就労**：不可（※）
**Dual Intent**：あり

第4章-2参照

### L-1

**渡米目的**：アメリカの関連会社（親・子会社，兄弟会社，JVなど）での研究．
**雇用**：アメリカで雇用
**期間**：ビザスタンプは一回に5年まで，滞在期間（I-94）は一回に最長3年まで
**延長**：滞在期間（I-94）は一回に2年まで（Lブランケットの場合は一回に3年まで）延長可，最長滞在期間は5年まで（管理職は7年まで）
**アメリカ国内収入**：可
**申請資格**：米国企業にて専門的な業務・研究を遂行
**申請時期**：制限無
**雇用制限**：スポンサー雇用主での雇用
**配偶者就労**：可
**Dual Intent**：あり

第4章-4参照

### E-1/E-2

**渡米目的**：50％＋日本資本の在米企業・研究機関や施設での研究．
**雇用**：アメリカで雇用
**期間**：ビザスタンプは一回に5年まで，滞在期間は毎回入国日から2年間
**延長**：ビザスタンプは5年延長，延長回数に制限なし，滞在期間（I-94）は一回に2年まで延長可
**アメリカ国内収入**：可
**申請資格**：米国企業にとって必須不可欠な業務・研究を遂行
**申請時期**：制限無
**雇用制限**：スポンサー雇用主での雇用
**配偶者就労**：可
**Dual Intent**：なし

第4章-3参照

※ H-1B 保持者が永住権申請をはじめて，一定条件を満たせば，配偶者は就労許可証を申請できる．詳細は第 4 章 -1 参照

非営利の大学機関や政府研究機関や非営利の研究機関での研究であれば，年間の枠の対象にはならないので，いつでも申請することができます．O-1 はその分野で卓越した業績がある研究者が取得可能なビザです．画期的な発明や特許出願，国際的賞受賞などが挙げられます．どれが適切かは留学先機関と相談してください．

　日本もしくは国外の企業や研究施設に最低 1 年勤務をし，親・子会社，兄弟会社，ジョイントベンチャー企業など資本関係のあるアメリカの関連会社・研究や大学施設に派遣される場合は，企業内転勤用の L ビザを申請することができます．また，アメリカの企業・研究や大学施設の資本の最低 50% が日本資本であれば，E-1 や E-2 の条約ビザを申請して，アメリカにて研究をすることができます．

　アメリカの研究機関に正式に籍を置くのではなくて，日本での雇用が継続した状態で，比較的短期に滞在して，アメリカの研究施設を使って，個人で研究をする場合には B-1 ビザを取得しての留学も可能です．ただし，研究結果がアメリカ機関の利益にならない場合に限られます．同様な目的で滞在日数が 90 日を越えない場合は，ビザ取得をせずに ESTA を取得して渡航可能な場合もあります．どちらも受け入れ先機関とよく相談して，ご自身の行おうとしている研究活動内容で，それが可能かを必ず事前確認をしてください．

## 企業研修のビザ選択

　企業研修目的で渡米する場合には，事前に受け入れ企業にどのビザが適しているのかを確認してください．アメリカ国内で収入を得て仕事をする場合には，J-1 か H-3 ビザを取得することになります．いずれも自国ではできないような，アメリカ特有の研修を受ける目的で，研修後は自国にて研修成果を生かして働くことを目的としています．二つのビザには求められる申請資格や期間等に違いがあります．J-1 研修は研修と関連する学歴や職歴が条件であるのに対し，H-3 研修は関連する学歴や職歴のない人向けの研修です．また，J-1 は実地研修を許可していますが，H-3 は教室内での研修を

を主としています。J-1は最長で18カ月間まで研修できますが（ホスピタリティー・環境業は12カ月）、H-3は最長24カ月まで研修ができます。ただし、24カ月全部償却した場合、国外に6カ月待機しなければ、H-1BやLビザを申請することはできません。アメリカ国内で収入を受けない短期の研修であればB-1ビザかESTAで渡米する選択肢もありますが、アメリカ国内で機械に触るような研修であれば、入国を拒否され、J-1ビザや就労ビザをとるようにいわれることもあるので、注意が必要です。ESTAは90日以内の滞在に限られます。

## 企業研修ビザ

| アメリカ国内での収入なし | | アメリカ国内での収入あり | |
|---|---|---|---|
| **ESTA** | **B-1** | **J-1** | **H-3** |
| **期間**：90日まで | **期間**：30〜180日± | **期間**：18カ月まで | **期間**：24カ月まで |
| **延長**：不可 | **延長**：可 | **延長**：不可（初回18カ月未満であれば、最長18カ月まで延長可） | **延長**：不可（初回24カ月未満であれば、最長18カ月まで延長可） |
| **アメリカ国内収入**：不可 | **アメリカ国内収入**：不可 | **アメリカ国内収入**：可 | **アメリカ国内収入**：可 |
| **申請資格**：経歴、目的 | **申請資格**：経歴、目的 | **申請資格**：外国大卒・研修と関連する専攻履修+外国関連経験1年、或は外国関連経験5年 | **申請資格**：関連学位や経験ない者 |
| **申請時期**：制限無 | **申請時期**：制限無 | **申請時期**：制限無 | **申請時期**：制限無 |
| **特徴**：ESTA in lieu of J-1/H-3 *20ページ参照 | **特徴**：B-1 in lieu of J-1/H-3 *20ページ参照 | **特徴**：自国ではできないようなアメリカ特有の研修内容、研修後自国の職務遂行に活用、実地研修可 | **特徴**：自国ではできないようなアメリカ特有の研修内容、研修後自国の就職や職務遂行に活用、教室内研修、実地研修は最小限 |
| **雇用制限**：アメリカ国外で雇用が続いていること、アメリカ国外で収入を得ていること | **雇用制限**：アメリカ国外で雇用が続いていること、アメリカ国外で収入を得ていること | | |
| **研修制限**：生産的作業や社員同様な活動は不可、機械に触るような作業は控える | **研修制限**：生産的作業や社員同様な活動は不可、機械に触るような作業は控える | **研修制限**：研修後2年間の海外待機条件（国籍とプログラム内容による） | **研修制限**：研修を24カ月間行えば、6カ月の海外待機条件 |
| **配偶者就労**：不可 | **配偶者就労**：不可 | **配偶者就労**：不可 | **配偶者就労**：不可 |
| **Dual Intent**：なし | **Dual Intent**：なし | **Dual Intent**：なし | **Dual Intent**：なし |
| | | 第3章参照 | |

## 申請書類の準備

次に希望のビザ申請に必要な書類を準備します．
(1) アメリカの学校や雇用主・研修先スポンサーの場合，ビザに必要な書類を発行してもらいます．
　a. 学生ビザ申請の人は学校からI-20を発行してもらいます（第2章参照）．
　b. J-1交換留学もしくはJ-1企業研修の人は，スポンサー団体からDS-2019の発行をしてもらいます（第3章参照）．
　c. 請願に基づく短期就労ビザの人は，移民局に請願書を提出し，承認通知書を発行してもらいます．
(2) 有効なパスポート（有効期限が6カ月以上あるもの）
(3) 過去10年間に発行された古いパスポート
(4) カラー証明写真1枚（5×5 cm, 6カ月以内撮影, 白背景, 眼鏡着用不可）
(5) その他，各ビザの種類に応じてビザ申請予定の大使館・領事館のホームページで必要書類を確認のこと
　a. 学生や観光目的の場合は，アメリカ滞在中に十分な資金がある証明
　b. アメリカ滞在者の招待による訪問であれば招待状など
　c. 短期商用目的の場合は詳細な旅行日程
　d. 犯罪歴のある人は裁判記録と英訳
(6) ビザ申請地の国籍以外の人は滞在資格の証明（在留証明書，日本のビザなど）
(7) 家族同伴の場合は，家族との関係を示す書類（戸籍謄本，結婚証などと英文訳）

# DS-160 ビザ申請書類の作成

(1) **DS-160 作成** - DS-160 オンライン・サイト (https://ceac.state.gov/genniv/) に行き,ビザ申請書類を作成します.詳細な記入方法については,各ビザごとに第 2 章以降で解説します.

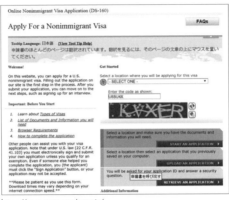

https://ceac.state.gov/genniv/

(2) 必要情報をオンラインで記入したら,最後にカラーのデジタル写真をアップロードします.デジタル写真は 6 カ月以内に撮影されたもので,背景が白と指定されています.メガネの写真は受け付けられませんので注意.

https://jp.usembassy.gov/ja/visas-ja/nonimmigrant-visas-ja/ds-160-ja/
写真の詳細情報については下記を参照のこと.
http://www.ustraveldocs.com/jp_jp/jp-niv-photoinfo.asp#picsreqs

> 写真の厳しい規定に注意

(3) **DS-160 確認画面印刷** - 内容に誤記がないことを確認し，オンラインにて提出したら確認画面が表示されます．この確認画面がでてきたら，印刷をクリックし，DS-160 確認画面を印刷します．

大使館での面接時には，バーコードが付いた DS-160 の確認ページを提出します．バーコードが鮮明でなければ，受け付けられないことがありますので注意が必要です．

(4) **本人による提出** - なお，第 3 者が DS-160 を作成した場合でも，法律上の例外事項に該当しない限り，ビザ申請者本人が自ら DS-160 をオンラインで提出する必要があります．本人が最終画面を提出することにより，申請者が申請書記載内容を理解し，正確に回答したとみなされます．質問内容に対して正直に回答しない場合は，ビザの発行拒否となりえます．DS-160 の記載内容は宣誓供述書とみなされ，偽った情報提供は偽証罪の対象となります．ビザの申請方法については在日アメリカ大使館のウェブサイトから，日本語の解説ビデオをご覧いただけます．(http://www.ustraveldocs.com/jp_jp/jp-niv-visaapply.asp)．

## ビザ申請費用の支払い

(1) **ビザ申請料金確認** - まずは，大使館のウェブサイト（http://ustraveldocs.com/jp_jp/jp-niv-visafeeinfo.asp）から自分の申請するビザの申請料金を確認します．ビザ申請手数料はビザの種類によって異なります．下記に主なビザの申請費用をあげています（2018年9月現在）．

| | ビザ種類 | 手数料(米$) |
| --- | --- | --- |
| B-1 | 商用による短期滞在者 | $160 |
| B-2 | 観光による短期滞在者 | $160 |
| E-1 | 通商航海条約に基づく貿易ビザ | $205 |
| E-2 | 通商航海条約に基づく投資ビザ | $205 |
| F | 留学生 | $160 |
| H-1B | 専門職短期就労ビザ | $190 |
| H-3 | 企業研修者 | $190 |
| I | 外国報道機関関係者 | $160 |
| J-1 | 企業研修者 | $160 |
| L | 企業内転勤者 | $190 |
| M | 職業訓練のための短期留学生 | $160 |
| O | 科学, 芸術, ビジネス, スポーツの分野で卓越した能力を持つ者 | $190 |
| P | 芸術家, 芸能人, スポーツ選手 | $190 |
| Q | 国際文化交流に参加する者 | $190 |
| R | 宗教活動家 | $190 |

詳しくはhttps://travel.state.gov/content/travel/en/us-visas/visa-information-resources/fees/fees-visa-services.htmlを参照のこと．

(2) **オンラインプロファイル作成** - 次にビザ申請料金の支払いおよび面接の予約をするために，オンライン申請サイト（https://cgifederal.secure.force.com/）でプロファイルを登録し，「面接予約申請・郵送申請」を選択します．

(3) **ビザ申請費用支払い** - 次に，ビザ申請料金支払画面にいき，Pay-easy対応のATM，インターネットバンキングまたはクレジットカードのいず

れかの支払い方法を選び，支払いを行います．支払いが完了したら，画面にビザ申請料金支払受領番号が表示されます．またビザ発給の有無にかかわらず，申請料金は返金されませんので注意が必要です．ビザ申請費用支払いの詳細は http://ustraveldocs.com/jp_jp/jp-niv-paymentinfo.asp のリンクを確認ください．

(4) **SEVIS費用** - SEVIS とは Student and Exchange Visitors Information System の略称で，アメリカに留学する F-1, J-1, M-1 学生の滞在資格を管理するシステムのことです．学生はビザ申請時にこのシステム維持費の支払いを義務付けられています．F-1 学生は＄200, J-1 学生は＄180 の SEVIS 費用をオンラインで支払います．J-1 交換訪問者は参加するプログラムによって SEVIS 費用が異なるので，事前に確認が必要です．https://www.ice.gov/sevis/i901/faq を参照してください．

## ビザ面接予約

　ビザ申請費用の支払いがおわったら，面接の空き状況を確認することができます．面接予約画面に進み，面接日時を選択すると，面接確認画面が表示されます．面接確認画面を印刷してビザ面接書類の一番最後に後ろ向きにいれて，面接に持参します．ビザ面接予約は 2 回まで変更できますが，それ以降は再度面接費用を支払う必要があります．

　ほとんどの新規のビザ申請者は面接の予約をする必要がありますが，家族同伴の場合，14 歳未満の子供はビザ面接に同伴する必要はありませんので，親が代わりに面接時に子供の旅券と申請書類を一緒に提出することができます．ただし，子供は申請時に申請国に滞在していなければなりません．また，すでに親がビザを取得している場合は，親のパスポートとビザ・スタンプのコピーを付けて，子供の申請書類を郵送で申請することもできます（http://www.ustraveldocs.com/jp_jp/jp-niv-appointmentschedule.asp）．

　F-1 と M-1 ビザ申請者はプログラム開始の 120 日前からビザを発行することができます．J-1 ビザはプログラム開始の 90 日前からビザを発行すること

ができます．なお，ビザ審査の厳格化によりビザ審査が難航することも考えられるため，渡米予定よりも早めに，余裕をもってビザ面接を受けることが大切です．また，航空券も変更可能なものを手配したほうが無難でしょう．

面接日程を決める際に，もう一つ注意することがあります．ビザ面接後には持参したパスポートを預けることになり，それはビザが発行されて郵送されてくるまで戻ってきません．海外出張などの予定が入っている場合には注意が必要です．

> ビザ面接は余裕をもって早めの日程で

## ビザ面接

大使館に入る前に，セキュリティーチェックがあり，また時期によっては大使館前に長い列があることがあるので，面接予約確認書に記載の予約時間の15分前にはアメリカ大使館に行きます．あまりラフな格好は避け，清潔なイメージを与える服装で赴いてください．大使館の説明ビデオではスーツ不要と書かれていますが，迷うようであればスーツを着ていくのも一つの手です．大使館に入る前に，書類不備がないかさらに一度書類内容を確認します．書類を確認したら，すべての申請者は，大使館・領事部待合室に入る前に，手荷物をX線検査機に通し，金属探知機を通ります．ビザ申請書類と携帯電話1台以外のすべての電子機器や食べ物，飲み物，スーツケース，バックパック，ブリーフケース，ショルダーバッグなど25 cm × 25 cmを超えるものは大使館内に持ち込むことができませんので，事前に駅のロッカーなどに保管する必要があります．入館できない場合は面接予約の取り直しが必要となります．

セキュリティーチェックが終わったら，領事部待合室に入り，申請受付窓口にパスポートと申請書類を提出します．領事部入口にて大使館スタッフが面接予約を確認し，チェックインを完了します．自分に渡された番号札の順番が待合室のテレビモニターに表示されたら，窓口に行き，指紋をとります．指紋押捺が終わったら，面接に行きます．面接官の質問に対して，はっ

きりと自分の渡米目的，滞在期間などについて説明します．回答で注意すべき点はビザごとに異なります．それについては各章の説明をご覧ください．面接は基本的には英語で行われます．面接の回答に問題があれば，さらに詳細な質問をされることがあります．面接後，面接官からビザ発給の可否について説明があります．

・・・・・・・・・・

### 面接では何を聞かれるのか？

中には日本語を話す面接官もいますが，面接は基本的には英語で行われます．面接時には一般に基本的な個人情報（名前，住所），さらに渡米目的を聞かれます．自分が留学する学校名，所在地，学習する内容について回答できるよう準備をした方がよいでしょう．学校の所在地がメジャーな都市でない場合は，なぜその学校もしくは研究施設を選んだのかも聞かれることがあるので，面接時に緊張しないように，回答できる準備をしたおいたほうがよいでしょう．また，F-1 や J-1 ビザは移民する意思を示してはいけないビザですので，目的のプログラムが終了したら日本に戻る意思を示す必要があります．プログラム終了後もアメリカに居残る意思があることを表明したり，その後引き続きアメリカで就労する意思があること，またアメリカにボーイフレンドやガールフレンドがいるなどを表明したら，ビザが却下されることもありますので，注意が必要です．

・・・・・・・・・・

> ビザ面接には細かな決まりが多数あります．
> しっかり守りましょう

## 第 2 次審査

面接で追加審査が必要であると判断された場合は，「ビザ申請保留のお知らせ」を受けることがあります．例えば，就労ビザ申請者がアメリカで携わる技術に，兵器製造に転用される可能性があると疑われた場合は，アメリカ

の雇用主の事業内容や社員情報などについて詳細な情報の提出を求められることがあります．また，飲酒運転などの逮捕歴がある場合は，裁判書類の提出を求められることがあります．飲酒運転逮捕時のアルコール度が高い人の場合は，さらに大使館指定の医師から診断書を取得するようにいわれることがあります．その他には，書類不備，追加証拠の要請，さらに追加審査が必要だと判断された場合は，面接官からその旨の説明があります．追加手続きに要する時間は個々の案件により異なりますが，追加書類提出から 2 週間ほどでビザが発給される場合もあれば，数カ月から 1 年以上保留になる場合もあります．審査状況については下記の URL を参照ください．

https://jp.usembassy.gov/ja/visas-ja/nonimmigrant-visas-ja/visa-status-check-ja/

## 審査状況の確認

　ビザ申請者は，DS-160 提出後一年以内であれば，所定のウェブサイトからビザの審査状況を確認することができます．オンラインサイト https://ceac.state.gov/CEACStatTracker に行き，ビザの種類（移民ビザか非移民ビザのいずれか）と，申請地名を選び，AA からはじまる DS-160 のバーコード番号を入力します．最後にアルファベットと数字のコードを記入して画面を提出します．

次に，書類受領，保留中，追加審査，ビザ発行，ビザ却下などといった審査状況の表示が出てきます．詳しくは下記の URL を参照ください．

https://jp.usembassy.gov/ja/visas-ja/nonimmigrant-visas-ja/visa-status-check-ja/

| 表示される<br>ステータス | 表示されるメッセージ | 説明 |
| --- | --- | --- |
| Application receipt pending | 非移民ビザオンライン申請書（DS-160）を送信しただけでは、申請したことにはなりません。申請地によっては、面接を受けるまで、またはビザ申請が審査に進める状態になるまでは、このステータスとなります。ビザ手続きに必要な次のステップに関する情報は、アメリカ大使館・領事館のウェブサイトでご確認ください。 | DS-160 が送信されており、ビザ申請はまだ大使館のシステムにデータ入力されていない状態です。<br>面接が必要な申請に関しては、面接をうけるまではこのステータスとなります。郵送申請の場合は、申請がまだ受理されていない状態です。 |
| Application Received | あなたのビザ申請は受理され、面接、指紋採取、書類審査が可能な状態です。もし面接がすでに終わっている場合は、2営業日後に審査状況を確認してください。面接の必要がない方は、2営業日後に再度審査状況を確認してください。 | 郵送申請の場合：書類が受理されており、審査が可能な状態です。ただし不足書類提出待ちの場合もあります。<br>E ビザ新規登録の場合：書類が受理されており、審査が可能な状態です。審査が終了次第、大使館・領事館から次のステップについてインストラクションを送ります。通常、新規登録の審査には2～3週間ほど要します。 |
| Administrative Processing | あなたのビザ申請は、現在手続き中です。このプロセスは数週間かかる可能性があります。面接時に領事から受け取ったインストラクションに従ってください。追加情報が必要な場合は、大使館または領事館より連絡があります。ビザ申請が許可されると、2営業日以内に発給および発送手配が可能になります。 | 下記の状況が含まれます：<br>● ビザ発行手続き中（申請が許可されていますが、ビザはまだ印刷されていない）。<br>● 追加書類・情報が必要なため、保留となっています。<br>● ＊追加手続きのため、保留となっています。 |
| Issued | あなたのビザ申請は最終段階です。もし10営業日を過ぎてもビザを受け取っていない場合は、ビザを申請した大使館または領事館のウェブサイトに記載されている連絡先をご覧ください。 | ビザが発行されております。ビザは後程、郵送されます。 |
| Refused | あなたのビザ申請は却下されました。面接時に受け取った手紙またはインストラクションをご覧ください。 | 下記の状況が含まれます：<br>● アメリカ移民国籍法第214（b）条に基づき、不適格と判断されました。<br>● ビザ不適格の免除申請中のため保留となっています。ビザ不適格の免除申請が必要な場合は、こちらのウェブサイト（追加手続き審査状況の確認）にて追加手続きの状況を確認することができます。 |

https://jp.usembassy.gov/ja/visas-ja/nonimmigrant-visas-ja/visa-status-check-ja/

## ビザ発給

　ビザは面接日当日には発給されません．およそ一週間以内にビザ・スタンプの貼られたパスポートが指定住所に配送されます．ビザが発行されたら，オンライン登録のEメールアドレスにレターパックの番号が通知されます．パスポートの発送状況については http://www.ustraveldocs.com/jp_jp/jp-niv-passporttrack.asp のリンクから確認することができます．

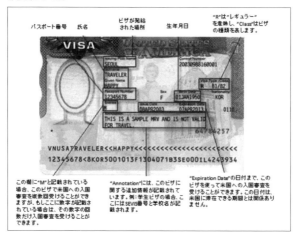

非移民ビザの例

https://jp.usembassy.gov/ja/visas-ja/nonimmigrant-visas-ja/non-immigrant-visa-application-procedure-ja/

## 航空券の手配・渡航

　ビザ・スタンプが手元に届いたら，ビザ・スタンプ上の個人情報，ビザ種類とビザの有効期限に間違いがないか確認します．もし誤記やミスがあれば，すぐ発行大使館に連絡をとり，訂正依頼をしてください．

　一般に，学生ビザ（F-1）保持者と交換留学ビザ（J-1）保持者は，プログラム開始前**30日前**からアメリカに入国することができます．E-1, E-2, E-3, H-1B, L-1, TN ビザ保持者は，勤労開始予定日の**10日前**からアメリカに入国することができます．ビザの種類の応じて，航空券の日程を決めます．

# 入国・滞在時の注意

## 入国に際して

　アメリカ入国時には，有効なパスポートと有効なビザ・スタンプを提示します．その他にもビザ種類に応じて追加書類の提示を求められます．例えば，F-1/M-1/J-1 の学生は署名のされた I-20・DS-2019 も一緒に提示し，書類に入国の記載をしてもらいます．L ブランケット（用語集参照）による L ビザ保持者は，アメリカ大使館・領事館に有効期限を書かれた I-129S を提示します．ESTA や B-1 の短期商用ビザで入国する場合は，入国目的をはっきりと書いた雇用主からのレターと旅行日程表を持参していた方が無難でしょう．

　入国が許可されたら，パスポートに入国印がおされ，その上にビザの種類と滞在期間が書かれます．入国時に必ずビザ種類と滞在期限を確認し，誤記があればその場で訂正を依頼してください．入国後に誤記に気が付いたら，すぐに近寄りの入管調査局（Deferred Inspection）に連絡をとり，誤記を訂正してもらいます．近寄りの入管調査局に関しては下記の URL を参照ください．https://www.cbp.gov/sites/default/files/assets/documents/2017-Jun/deferred_inspection_sites_060817.pdf

　一点注意すべき点ですが，日本でビザ・スタンプが無事に発行されても，必ずしもアメリカへの入国が許されるわけではありません．日本でのビザ申請時の入国目的と，実際の滞在目的が一致している必要があります．ビザ申請時にはアメリカへの入国目的に応じたビザ種類を申請しますが，アメリカに入国した後は，ビザ面接時に申請したビザ種類に許された活動以外のことを行うことはできません．入国審査官から入国目的の質問をされ，ビザ・スタンプの種類と異なる活動を行うことを表明すれば入国は認められません．例えば，B-2 観光ビザを申請した人が，B-2 ビザでアメリカに入国して就労することはできません．アメリカ国内で就労するためには，就労

ビザを申請しなければなりません．申請したビザ種類と異なる活動を行っていれば，滞在資格の違反となり，承認されたビザ・スタンプの期限がまだ残っていても，そのスタンプは実際には効力を失います．また，アメリカに入国したあとに，飲酒運転などで逮捕された場合も，ビザ・スタンプは効力を失いますので，承認されたビザ・スタンプの期限がまだ残っていても，次回国外に出たときに，逮捕されたことを表明して，再度ビザを申請し直さなければなりません（Q&A参照）．

## 入国後の注意点

(1) **I-94 情報の確認** - 入国時に滞在資格と認可された滞在期間がオンラインのI-94システムに記入されます．アメリカ内での滞在期間は，必ずしもビザ・スタンプの期限と一致するわけではなく，I-94の期限までとなります．入国後，オンラインのhttps://i94.cbp.dhs.gov/ からI-94情報を印刷して保管ください．このI-94情報が合法的滞在資格の証拠となるので，本人はパスポートと一緒に保管する必要があります．またI-94情報はソーシャル・セキュリティー（社会保障）番号申請時に必要となります．I-94情報とソーシャルセキュリティー番号は運転免許申請や銀行口座開設時に必要となります．また，健康保険申請時にもソーシャル・セキュリティー番号の確認をされます．

(2) **J-1団体への連絡** - J-1の交換学生や企業研修者は，入国後J-1スポンサー（大学や団体）に連絡をとり，チェックインとよばれる手続きを済ませなければなりません．J-1の団体はこの連絡を受けて，SEVISシステムにチェックイン完了の明記をし，これで初めてJ-1の滞在資格が確定します．入国後この報告を怠るとJ-1の滞在資格が抹消されてしまうので注意が必要です．

(3) **カナダ・メキシコへの旅行** - 非移民ビザ保持者は隣国カナダやメキシコへの30日以内の旅行であれば，仮にビザ・スタンプの有効期限が切れ

ていても，I-94 が有効であれば，アメリカに再入国することができます（Revalidation という）．ただし，アメリカ内で滞在資格違反や法律違反がないこと，またその他入国禁止に当たる事由がないことが条件となります．しかしながら，入国審査官によってはこの Revalidation について知識がないことがあるので，陸続きの隣国へ短期旅行をする場合，事前に移民法弁護士に相談したほうがよいでしょう．

(4) **滞在資格違反** - 入国後は I-94 の滞在期間が失効しないよう注意が必要です．I-94 を延長するためには，現存の I-94 の期限が失効する前に，再度カナダやメキシコ以外の陸続きでない国から入国して滞在期限 (I-94) を延長するか，もしくはアメリカ内にて移民局に滞在期限 (I-94) の延長申請を行います．もし，滞在期限を越えて滞在した場合は，滞在資格 (I-94) が失効した時点でビザ・スタンプは無効とみなされますので，仮にビザ・スタンプの期限がまだ有効であっても，ビザ保持者とその家族はすみやかにアメリカを離れ，国外にて新たにビザ・スタンプを申請しなければなりません．アメリカでのオーバーステイが半年を超えたら，3 年間アメリカへは入国禁止となります．アメリカでのオーバーステイが 1 年を超えたら，10 年間アメリカへは入国禁止となります．また，滞在資格違反のある人は将来ビザ免除プログラム ESTA を申請できなくなります．

F-1/M-1/J-1 の学生・研修生は I-94 に期限がありません．期限の欄に D/S と書かれていますが，これは Duration of Stay という意味で，I-20 や DS-2019 が有効である限りは滞在期間が有効だという意味です．ただし，I-20 や DS-2019 が有効であっても，学校に行くのをやめたり，J-1 トレーニングを途中でやめた場合，SEVIS システムに滞在資格が無効だと記載されるので，自分が許された活動を途中でやめる場合は，やめる前にほかの滞在資格への変更申請を行うか，国外に出る準備をした方が無難でしょう．

(5) **逮捕歴** - アメリカ内もしくは国外で逮捕歴（飲酒運転など）がある場合，滞在資格に影響することがあります．逮捕理由がアメリカへの入国を禁

止する事由でない限りは，アメリカ外のアメリカ大使館もしくは領事館で非移民ビザや移民ビザを申請することはできますが，申請時には逮捕や裁判にかかわる書類の提示をもとめられます．また，逮捕事由によってはFBIチェックが入るので，ビザ発行まで1〜2カ月かかることもあります．したがって，旅行日程を変更可能にするなどの柔軟な対応が必要です．また，ビザが無事に発行されても，入国時に逮捕歴が明らかになると第2次審査室につれていかれることがあります．このときも同様の書類を提示し，逮捕事由がアメリカ入国を拒否するものではないこと，さらに判決をすべて全うしたことを証明しなければなりません．また，逮捕歴があると，将来ビザ免除プログラムESTAを申請できなくなります．

(6) **住所変更届け（AR-11）** - 短期就労・学生ビザ保持者もしくは永住権保持者は住所を変更する際は，引越しから10日以内に移民局のウェブサイトhttp://www.uscis.gov/ar-11から住所変更届けAR-11フォームをオンラインで提出し，提出画面を保管ください．住所変更届けを提出していない人は至急オンラインにて提出するよう指導してください．

(7) **配偶者の就労許可証** - E/Lビザ保持者の配偶者はソーシャルセキュリティーカードを申請することができます．しかし，ソーシャルセキュリティーカード自体は就労を許可するものではありません．配偶者が就労をするためには移民局に就労許可証を申請します．就労許可証は申請者の滞在期間（I-94）と同じ期間発行されますが，配偶者のI-94の期限を越えることはできません．

# 第2章

## F-1学生ビザ

| | |
|---|---|
| 2-1 F-1学生ビザとは？ | 40 |
| 2-2 F-1ビザの取得方法と必要書類の準備 | 45 |
| 2-3 F-1ビザの面接 | 61 |
| 2-4 入国・滞在時の注意 | 80 |

The Complete Guide to US Visas *for Students and Researchers*　　　Chapter 2-1

# F-1学生ビザとは？

## アメリカで学生をするためのビザ

　アメリカの大学で学生として，語学もしくは専門知識を勉強したい人が，取得する必要があるのがF-1学生ビザです．ビザを取得する前には，どの学校に入学を希望するのかを慎重に決める必要があります．まずは，自分がアメリカで何を学びたいか目標を定めてください．どの大学が適切かは，学ぶ内容はもちろんのこと，大学の所在州，大学のプログラム，学費，住宅費，生活費，物価，大学周辺の安全性などを考慮して判断することをお勧めします．学校情報を得るためには，一般に市販の留学に関する情報誌を購入するか，もしくはオンラインでも各大学の情報を入手することができます．もし学びたい学校の学部についていくための英語力がなければ，大学への申請の前に語学留学をするか，もしくは，同じ大学内の語学の授業がとれるかも確認してください．

## F-1 ビザを取得できるのはどんな学校なのか？

　F-1 ビザを取得できるのは，国家安全捜査局[1]の一部門である学生・交換訪問者プログラム（SEVP[2]）に認可された学校です．SEVP は DHS[3] に代わって，SEVIS[4] というシステムを通して，認可校および認可校に登録されている学生を監視しています．F-1 ビザを申請するのに必要な I-20 を発行してくれるのは SEVP に認可された学校のみです．

---

1)　NSID（National Security Investigations Division）国家安全捜査局
2)　SEVP（The Student and Exchange Visitor Program）学生・交換訪問者プログラム
3)　DHS（Department of Homeland Security）国土安全保障省
4)　SEVIS（Student and Exchange Visitor Information System）学生・交換訪問者情報システム

移民局のウェブサイト https://studyinthestates.dhs.gov/school-search か
ら，SEVP に認可された学校の情報が検索できます．画面に留学希望の州，
大学名，学部レベルなどの情報を記入すれば，その州の学校のリストが出
てきます．

留学ができる学校の詳細情報については移民局の学生ビザ情報サイト
https://studyinthestates.dhs.gov/sevis-help-hub を参照ください．

SEVP に認可されていない学校は，学生ビザを申請するために必要な I-20
を発行することができませんので，この点にはご注意ください．もし，どう
してもそのような未認可の学校に留学したい場合は，学校に問い合わせて，
その学校が SEVP に認可される可能性があるか，学生ビザ申請に必要な I-20
を発行してもらえるか問い合わせてください．

> F-1 ビザを取得できるのは SEVP に認可された学校

## F-1 ビザにより何年間滞在できるのか？

アメリカに入国するためには，有効なパスポート，ビザ・スタンプ，大

学に裏書された I-20 を提示します．入国が許可されるとオンラインの I-94 システムに滞在期限が記録されます．入国後は I-20 の期限が切れないように注意する必要があります．では，ビザ・スタンプと I-20 と I-94 は，それぞれ何に気を付けたらよいのでしょう？

- **ビザ・スタンプ** - F-1 ビザ・スタンプとは自国のアメリカ大使館か領事館で発行され，パスポートに貼られるシールのことです（第 1 章 -1 参照）．日本国籍保持者にはビザ・スタンプは最長で 5 年間まで発行されます．ビザ・スタンプを入国時に I-20 と一緒に提示します．ビザ・スタンプはアメリカに入国するために必要なものですので，入国時にビザ・スタンプの有効期限が残っていれば入国できます．入国後にビザ・スタンプが失効しても構いません．ただし，次回国外に出たときには，ビザ・スタンプが失効していたらアメリカに入国できなくなりますので，その場合は再度国外のアメリカ大使館か領事館でビザの延長申請をする必要があります．
- **I-20** - アメリカの学校での学習内容と滞在期間を示すのが I-20 です．入国時にビザ・スタンプが有効であっても，I-20 の期限が失効していれば，入国は認められません．I-20 は入学するプログラムの期間が書かれています．この I-20 に書かれている期間が合法的にアメリカで学習が許される期間となります．
- **I-94** - アメリカ入国時には，I-94 とよばれるオンラインのアメリカ出入国記録に入国日と滞在期限が毎回入国官によって入力されます．しかしながら，F-1 学生の滞在期限は D/S と書かれてあり，特定の期限は書かれません．D/S とは Duration of Stay という意味で，I-20 が有効である限りは滞在期間が有効だという意味です．したがって，F-1 学生ビザの場合は I-94 の期限ではなく，I-20 の期限が常に有効であることを確認することが重要です．
- **滞在資格の維持** - もう一つ注意しないといけないのが，ビザと I-20 が有効であっても，学校に行かなくなったら，SEVIS システムに滞在資格を違反した旨が明記されることです．もし，病気などの理由で学校を休学する必要が出てきた場合，事前に学校のインターナショナルオフィスの DSO

(Designated School Official) に連絡をとり，休業中も滞在資格を維持できる例外措置を取ってもらえるか相談してください．また，授業を長期間欠席したり，休学して F-1 滞在資格を違反した場合も，大学の DSO に連絡をとり，F-1 学生滞在資格を復活できるか（Revalidation）相談してください．

> 入国時にはビザ・スタンプと I-20 の期限，
> 滞在時は I-20 の期限と資格の維持が必要

## 不法滞在

大切なことですのでくり返しますが，大学の事前の許可なく授業に行かなくなった場合，滞在資格違反とみなされます．以前は，滞在期間が D/S である学生は，滞在資格を違反しても，裁判所からの退去命令が出されない限りはオーバーステイとは見なされませんでしたが，2018 年 5 月より滞在期間が D/S である学生も滞在資格を違反したら，オーバーステイの対象となるようになりましたので，注意が必要です．オーバーステイが 180 日を超えると 3 年間の入国禁止の対象となり，またオーバーステイが 365 日を超えると 10 年間の入国禁止の対象となりますので，注意が必要です．したがって，滞在資格を違反しないよう，フルタイムの授業に参加できなくなる理由があれば，事前に International Office に相談し，滞在資格の違反にならないように心がけることが必要です．

## 移民する意思は見せてはいけない

詳しくは後ほど触れますが，F-1 ビザの大使館面接時や入国時には，学業が終わった後もアメリカに永住する意思を示すことはできません．これは，F-1 の学生には Dual Intent Protection がないからです．Dual Intent Protection とは移民する意思を示しても守られているビザ種類のことで，通常は H-1B と L ビザに適用されます．H-1B や L ビザなどの就労ビザは，ビザ面接時に将来アメリカに永住する意思があることを表明しても，ビザ審

査に影響はありません。それに対し、F-1 ビザは移民する意思を示してはいけないビザなので、学生はビザ面接時に移民する意思をみせると、ビザが発行されませんので注意が必要です。また、アメリカ入国時に学校のプログラムを終えた後もアメリカに居残って就労したり、永住権を申請する意思を表明すると、入国を認められません。F-1 学生の渡米目的は予定している学校のプログラムを終えることなので、その目的が終了したら、すみやかに国外にでる意思があることを示さなければなりません。

## 配偶者・子供のビザは？

　F-1 の学生の配偶者と子供は、F-2 家族ビザもしくは ESTA（ビザ免除）か B-2 観光ビザで入国することができます。ビザ免除の ESTA での入国であれば一回に 90 日まで滞在することができます。B-2 観光ビザを申請した場合、ビザ・スタンプ自体は 10 年間有効ですが、毎回入国時には通常 90 ～ 180 日の滞在期間をもらいます。B-2 ビザはアメリカ国内で延長することも可能ではありますが、長期間アメリカに滞在する場合には、F-1 配偶者の I-20 が有効な間はずっと滞在ができる F-2 ビザ取得が望ましいといえるでしょう。また、いずれの滞在資格も就労許可証を申請することはできません。子供は F-2 同伴家族ビザがあれば、無料で現地の公立校（小中高）に通うことができます。ただし、子供が 21 歳になった時点で親の同伴家族として F-2 ビザを維持できなくなるので、21 歳になる前に子供独自の F-1 学生ビザに切り替えなければなりません。子供が現地の学校に通う場合は、渡米前に地元の学校のレベルや生徒の質なども調べたほうがよいでしょう。アメリカは通常住んでいる場所によって、所定の学校が決められます。そのため、レベルの高い公立校に通わせるためには、その学校地域に住む必要があります。また、小中高生の子供を同伴する場合は、地元の学校に英語を解さない外国人向けの ESLP（English as a Second Language Programs）があるかどうかも確認ししたほうがよいでしょう。管轄の学校に ESLP がない場合、最初の数年だけ ESLP のある学校に通うことになる場合もありますので、事前に現地の事情を把握しておいた方がよいでしょう。

The Complete Guide to US Visas *for Students and Researchers*　　Chapter 2-2

# F-1ビザの取得方法と必要書類の準備

## F-1 ビザ取得の流れ

F-1 ビザ申請は下記の手順となります．

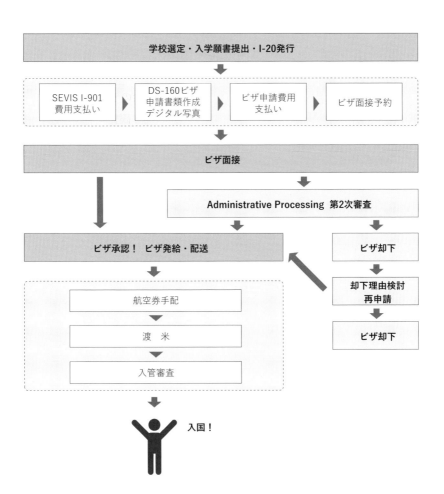

## 必要書類

まずはビザ申請に必要な書類を揃えます.

**(1) I-20, "Certificate of Eligibility for Nonimmigrant Student Status"**

まず,希望の大学から入学要綱をとりよせ,入学願書を提出します.入学が許可されたら,大学のインターナショナルオフィスのDSO (Designated School Official)からビザ申請に必要なI-20を発行してもらいます.I-20が届いたら,自分の名前,生年月日,大学の情報などに誤記がないか確認します.もし誤記があれば,至急大学に連絡をし,訂正をしてもらいます.訂正がおわったら,I-20の所定箇所に署名をしてください.

**(2) SEVIS (I-901) 費用**

I-20を発行されたF-1の学生ビザ申請者は,SEVIS費用 (I-901 Fee) の支払いが義務づけられています.I-20が発行されたら,発行されたSEVIS IDをもとにSEVIS費用をオンラインで支払います.ビザ面接日前の3営業日までに支払わなければなりません.F-1学生の場合は米ドル額で＄200支払います.支払いを終えたら領収書を印刷してください.領収書原本はビザ面接に持参します.

詳細についてはSEVIS I-901費用のサイト (https://fmjfee.com/i901fee/index.html) を参照してください.

家族同伴の場合，家族には SEVIS 費用はかからないので，間違えて家族の分を支払わないようご注意ください．SEVIS 費用を支払い終えたあとに，支払い情報に誤記があったことが発覚した場合，再度支払いをしないでください．その場合，fmjfee.sevis@ice.dhs.gov に e-mail（英語）で情報の訂正を依頼してください．その他には I-901 のカスタマーサポートの電話番号（US）1-703-603-3400 までお問合せください．
F-1 ビザが却下された場合でも，SEVIS 申請費用は同じプログラムで再申請するのであれば，12 カ月有効ですので，再度 SEVIS 費用を支払う必要はありません．

**(3) カラーデジタル写真**

ビザ申請書類を作成するのにデジタル写真をアップロードしますので，アメリカ国務省の規格にあったデジタル写真を撮ってください．デジタル写真は 6 カ月以内に撮影されたもので，背景が白と指定されています．メガネの写真は受け付けられませんので注意．また，顔やバックグランドに影がかかっていたり，髪の毛で顔が隠れたり，また画面の鮮度が悪いとシステムが受け付けないので注意ください．大使館面接に持参するカラーの ID 写真はオンラインの DS-160 申請書類に添付した写真と同じものである必要はありませんが，いずれも 6 カ月以内に撮影されたものに限られます．

https://jp.usembassy.gov/ja/visas-ja/nonimmigrant-visas-ja/ds-160-ja/

写真規格に合致しているかどうかを確認するには，下記の URL からビザの面接地を選ぶと表示される "Test Photo" のリンクよりデジタル写真をアップロードして，合格するか試してみることができます．https://

identix.state.gov/genniv/

写真の詳細情報については下記の URL を参照ください．

http://www.ustraveldocs.com/jp_jp/jp-niv-photoinfo.asp#picsreqs

### (4) DS-160 ビザ申請書類

次に DS-160 作成画面のオンラインサイト（https://ceac.state.gov/genniv/）に行き，ビザ申請書類 DS-160 を作成します．

最初の画面では，ビザ面接を行う国と場所を選び，その下に出てくる変更文字を入力し，その下の Start an Application をクリックします．

次に，右上に AA からはじまるアプリケーションの ID 番号がでてきますので，Print Application ID をクリックしてこの番号を印刷して保管ください．次からこの画面にログインするのにこのアプリケーション番号が必要となります．

その下方に Security Question がいく通りかありますので，自分の機密質問を選んで，その回答を書いてください．機密質問と回答内容も次回からログインするのに必要ですので，どこかに記録を取ってください．機密質問と回答を選んだら，下方の Continue をクリックしてください．

次に個人情報の画面が出てきますので，個人情報を記入してから下方の Next をクリックして次のページに進んでください．次ページ以降，記入例を示しますので，自身の状況に読みかえてから記入してください．項目が多いため，途中で中断する場合は画面下部の「Save」をクリックすることでそこまでの入力内容を 30 日間保存できます．

各項目の質問は英語で書かれていますが，マウスポインターを質問の上に載せると，日本語訳が表示されます．

個人情報 1

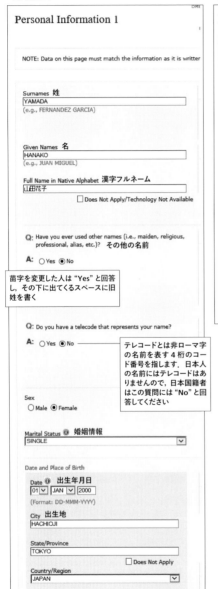

個人情報 2

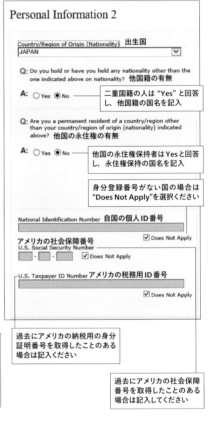

住所・電話番号

## Address and Phone Information

Home Address 自宅住所情報
Street Address (Line 1)
1 TORINONAMAE

Street Address (Line 2) *Optional

City
HACHIOJI

State/Province
TOKYO    ☐ Does Not Apply

Postal Zone/ZIP Code
103-1111    ☐ Does Not Apply

Country/Region
JAPAN

Mailing Address 郵送先住所

Q: Is your Mailing Address the same as your Home Address?

A: ⦿ Yes ○ No

Phone 日本で連絡のつく電話番号
Primary Phone Number
813123456789

Secondary Phone Number
818012345678    ☐ Does Not Apply

Work Phone Number
813987654321    ☐ Does Not Apply

Email Address
Email Address
hanakoyamada@hotmail.com
(e.g., emailaddress@example.com)

> 日本の電話番号は国番号81を書いてください．最初の0は抜きます

パスポート情報

## Passport Information

Passport/Travel Document Type ⓘ
REGULAR

Passport/Travel Document Number
TN123456789

> 日本の電子パスポートにはパスポート冊子番号はありませんので，ここは "Does Not Apply" を選択してください

Passport Book Number
☑ Does Not Apply

発行国
Country/Authority that Issued Passport/Travel Document
JAPAN

Where was the Passport/Travel Document Issued?

City 発行場所
TOKYO

State/Province *If shown on passport

Country/Region
JAPAN

Issuance Date ⓘ 発行年月日
01 / JAN / 2018
(Format: DD-MMM-YYYY)

Expiration Date ⓘ 失効年月日
01 / JAN / 2028   ☐ No Expiration
(Format: DD-MMM-YYYY)

Q: Have you ever lost a passport or had one stolen?

A: ○ Yes ⦿ No

> 旅券の紛失・盗難があった場合は "Yes" と回答し，その下にでてくるスペースに詳しい情報を書くこと．警察レポートなどの報告書も提出する

旅行情報　　　　　　　　　　　　　　　以前の旅行情報

アメリカのコンタクトパーソン情報　　　　　　家族情報

## U.S. Point of Contact Information

Contact Person or Organization in the United States

**Contact Person**

Surnames: MARY

> アメリカであなたの身分を確認してくれる人がいなければ、大学の担当者名を書いてください

Given Names: SMITH

☐ Do Not Know

Organization Name: UNIVERSITY OF AMERICA

☐ Do Not Know

Relationship to You: SCHOOL OFFICIAL

Address and Phone Number of Point of Contact

U.S. Street Address (Line 1): 111 MAIN STREET

U.S. Street Address (Line 2) *Optional*:

City: NEW YORK

State: NEW YORK

ZIP Code (if known): 10000
(e.g., 55555 or 55555-5555)

Phone Number: 12345678901
(e.g., 5555555555)

Email Address: marysmith@univame.edu
(e.g., emailaddress@example.com)

☐ Does Not Apply

## Family Information: Relatives

NOTE: Please provide the following information concerning your bi adopted, please provide the following information on your adoptiv

Father's Full Name and Date of Birth

Surnames 父親の名前: YAMADA
(e.g., Hernandez Garcia) ☐ Do Not Know

Given Names: TARO
(e.g., Juan Miguel) ☐ Do Not Know

Date of Birth 生年月日: 01 / JAN / 1960 ☐ Do Not Know
(Format: DD-MMM-YYYY)

**Q:** Is your father in the U.S.?　アメリカ居住の有無
**A:** ○ Yes ● No

Mother's Full Name and Date of Birth

Surnames 母親の名前: YAMADA
(e.g., Hernandez Garcia) ☐ Do Not Know

Given Names: YOKO
(e.g., Juanita Miguel) ☐ Do Not Know

Date of Birth 生年月日: 01 / JAN / 1970 ☐ Do Not Know
(Format: DD-MMM-YYYY)

**Q:** Is your mother in the U.S.?　アメリカ居住の有無
**A:** ○ Yes ● No

**Q:** Do you have any immediate relatives, not including parents, in the United States?
　　　　　　　　　　アメリカ在住の直近の親族の有無
**A:** ○ Yes ● No

**Q:** Do you have any other relatives in the United States?
　　　　　　アメリカ在住の他の親族の有無
**A:** ○ Yes ● No

現在の就学・就職情報

**Present Work/Education/Training Information**

NOTE: Provide the following information concerning your current employment

- Primary Occupation　現在の職業
  STUDENT
- Present Employer or School Name　雇用主・学校名
  UNIVERSITY OF JAPAN
- Present employer or school address:　雇用主・学校住所
  - Street Address (Line 1)
    111 MICHINONAMAE
  - Street Address (Line 2) *Optional
  - City
    TOKYO
  - State/Province ☑ Does Not Apply
  - Postal Zone/ZIP Code
    105000 ☐ Does Not Apply
  - Phone Number　雇用主・学校電話番号
    8133216547
  - Country/Region
    JAPAN
- Start Date　雇用・就学開始日
  01 / APR / 2018
  (Format: DD-MMM-YYYY)
- Monthly Income in Local Currency (if employed)　月収（現地の通貨）
  ☑ Does Not Apply
- Briefly describe your duties:　職務内容・専攻分野
  MAJOR IN ENGLISH AT THIS UNIVERSITY.

過去の就学・就職情報

**Previous Work/Education/Training Information**

NOTE: Provide your employment information for the last five years that you were applicable.

- Q: Were you previously employed?
  A: ● Yes  ○ No

過去に仕事をしたことがあれば，その情報を記入してください．パートの職種も記入し，職務内容欄にパート勤務と説明を加えてください

Employer/Employment Information:

- Employer Name　社名
  YAMADA COMPANY
- Employer Street Address (Line 1)　会社住所
  111 NIHON MACHI
- Employer Street Address (Line 2) *Optional
- City
  TOKYO
- State/Province ☑ Does Not Apply
- Postal Zone/ZIP Code
  105 ☐ Does Not Apply
- Country/Region
  JAPAN
- Telephone Number
  812345678912
- Job Title　職務タイトル
  SALES SUPPORT
- Supervisor's Surname　上司氏名
  ABE ☐ Do Not Know
- Supervisor's Given Names
  SHINZO ☐ Do Not Know
- Employment Date From　雇用開始日
  01 / JAN / 2017
  (Format: DD-MMM-YYYY)
- Employment Date To　雇用終了日
  01 / JAN / 2018
  (Format: DD-MMM-YYYY)
- Briefly describe your duties:　職務内容
  PART-TIME WORK. RESPONSIBLE FOR SALES AND CUSTOMER SERVICE OF ABC PRODUCTS.

セキュリティーとバックグラウンドの個々の項目で"Yes"と回答した場合，下方にテキストボックスがでてきますので，そこに詳細な情報を記入してください．また，面接時には裁判記録など関連書類の持参を求められます（詳細は対応する番号の脚注を参照）．

セキュリティーとバックグラウンド

5) 公衆衛生上重要な影響を及ぼす伝染病をもっているか？
6) 自身や周囲の安全や生活を脅かすような精神的・身体的障害があるか？
7) 現在・過去において薬物乱用・麻薬中毒者であったことがあるか？
8) 違反行為・犯罪による逮捕や有罪判決の有無
9) 規制薬物法違反や企みの有無
10) 過去10年間に売春行為や斡旋の有無，売春や違法な営利目的の性行為の目的での渡米であるか
11) 不正資金洗浄行為や企ての有無
12) アメリカ内外で人身取引犯罪行為や企ての有無
13) アメリカ国内外で人身取引犯罪者と知りつつ幇助・援助・共謀したことがあるか
14) アメリカ国内外で人身取引犯罪行為者か企てた人の配偶者，息子，娘で，過去5年間にその行為による便宜を受けたか？

逮捕歴のある場合は，"Yes"と回答し，詳細を説明してください．このほかに裁判記録の原本とコピーも面接に持参ください

## Security and Background: Part 3

NOTE: Provide the following security and background information. Provide complete and accurate information to all questions that require an explanation. A visa may not be issued to persons who are within specific categories defined by law as inadmissible to the United States (except when a waiver is obtained in advance). Are any of the following applicable to you? While a YES answer does not automatically signify ineligibility for a visa, if you answer YES you may be required to personally appear before a consular officer.

15) Q: Do you seek to engage in espionage, sabotage, export control violations, or any other illegal activity while in the United States?
    A: ○ Yes ● No

16) Q: Do you seek to engage in terrorist activities while in the United States or have you ever engaged in terrorist activities?
    A: ○ Yes ● No

17) Q: Have you ever or do you intend to provide financial assistance or other support to terrorists or terrorist organizations?
    A: ○ Yes ● No

18) Q: Are you a member or representative of a terrorist organization?
    A: ○ Yes ● No

19) Q: Have you ever ordered, incited, committed, assisted, or otherwise participated in genocide?
    A: ○ Yes ● No

20) Q: Have you ever committed, ordered, incited, assisted, or otherwise participated in torture?
    A: ○ Yes ● No

21) Q: Have you committed, ordered, incited, assisted, or otherwise participated in extrajudicial killings, political killings, or other acts of violence?
    A: ○ Yes ● No

22) Q: Have you ever engaged in the recruitment or the use of child soldiers?
    A: ○ Yes ● No

23) Q: Have you, while serving as a government official, been responsible for or directly carried out, at any time, particularly severe violations of religious freedom?
    A: ○ Yes ● No

24) Q: Have you ever been directly involved in the establishment or enforcement of population controls forcing a woman to undergo an abortion against her free choice or a man or a woman to undergo sterilization against his or her free will?
    A: ○ Yes ● No

25) Q: Have you ever been directly involved in the coercive transplantation of human organs or bodily tissue?
    A: ○ Yes ● No

15) アメリカ滞在中にスパイ行為，諜報活動，妨害・破壊行為，輸出管理規制違反，その他の違反行為にかかわる意思があるか？
16) アメリカ滞在中にテロ行為に関わるつもりか？過去に関わったことがあるか？
17) これまでにテロやテロ組織に資金提供や支援を行ったことがあるか？行うつもりがあるか？
18) テロ組織の一員または代表者か？
19) これまでに大量虐殺を命令，扇動，実行，支援したり，関与したことがあるか？
20) これまでに拷問を実行，命令，扇動，支援や関与したことはあるか？
21) 超法規殺害，政治的殺害や暴力行為を実行，命令，扇動，支援，関与したことがあるか？
22) 子ども兵士の徴兵や利用に関わったことはあるか？
23) これまでに政府役人として宗教の自由に対する激しい圧の責任者であったり，直接実行したことはあるか？
24) 女性の自由意思に反する中絶を強要したり，男性や女性の自由意思に反した不妊施術を強要する人口抑制の制定や施工に直接関わったことはあるか？
25) 人の臓器や身体細胞組織の強制的な移植に直接関与したことはあるか？

**Security and Background: Part 4**

NOTE: Provide the following security and background information. Provide complete and accurate information to all questions that require an explanation. A visa may not be issued to persons who are within specific categories defined by law as inadmissible to the United States (except when a waiver is obtained in advance). Are any of the following applicable to you? While a YES answer does not automatically signify ineligibility for a visa, if you answer YES you may be required to personally appear before a consular officer.

Q: Have you ever been the subject of a removal or deportation hearing?
26) A: ○Yes ●No

Q: Have you ever sought to obtain or assist others to obtain a visa, entry into the United States, or any other United States immigration benefit by fraud or willful misrepresentation or other unlawful means?
27) A: ○Yes ●No

Q: Have you failed to attend a hearing on removability or inadmissibility within the last five years?
28) A: ○Yes ●No

Q: Have you ever been unlawfully present, overstayed the amount of time granted by an immigration official or otherwise violated the terms of a U.S. visa?
29) A: ○Yes ●No

**Security and Background: Part 5**

NOTE: Provide the following security and background information. Provide complete and accurate information to all questions that require an explanation. A visa may not be issued to persons who are within specific categories defined by law as inadmissible to the United States (except when a waiver is obtained in advance). Are any of the following applicable to you? While a YES answer does not automatically signify ineligibility for a visa, if you answer YES you may be required to personally appear before a consular officer.

Q: Have you ever withheld custody of a U.S. citizen child outside the United States from a person granted legal custody by a U.S. court?
30) A: ○Yes ●No

Q: Have you voted in the United States in violation of any law or regulation?
31) A: ○Yes ●No

Q: Have you ever renounced United States citizenship for the purposes of avoiding taxation?
32) A: ○Yes ●No

Q: Have you attended a public elementary school on student (F) status or a public secondary school after November 30, 1996 without reimbursing the school?
33) A: ○Yes ●No

26) 国外退去または強制退去審問の対象になったことはあるか？
27) 不正または故意に事実を偽ったり，不法手段を用いてアメリカビザ取得，アメリカ入国，その他のアメリカ移民法の恩恵を得ようとしたり，手助けをしたことがあるか？
28) 過去5年間に国外退去または入国拒否に関する質問を欠席したことはあるか？
29) これまでに不法滞在や入国審査官が許可したアメリカ滞在期間を超えて滞在したり，アメリカビザ規定に違反したことはあるか？
30) アメリカ裁判所の定めた親権者に対して，アメリカ国籍の子どもの親権を渡さず，アメリカ外に引き留めたことはあるか？
31) アメリカ国内において法律や規制に反して投票したことはあるか？
32) 納税義務回避目的でアメリカ国籍を放棄したことはあるか？
33) 1996年11月30日以降に学生（F）の資格でアメリカの公立学校（Grade K-8）に在学したこと，また公立学校（Grade 9-12）に学費を納めずに在学したことはあるか？

日本のコンタクト情報

SEVIS 情報

直近の家族や親戚以外で，日本で身元を確認できる人を2名書いてください

写真のアップロード

ここに写真をアップロードして受け付けられたら、次にレビューのページが出てきます。記入した内容に問題がなければ、次のページに進んでください。最後に面接場所の Location 情報がでてきます。この面接場所で問題がなければ、Next: Sign and Submit というボタンを押してください。そうすると最後の電子署名・提出の画面が出てきます。

署名・提出

申請者が自らオンラインで DS-160 を提出することにより、申請者が申請内容を確認し、署名したとみなされます

自分以外の人が DS-160 を作成した場合は"Yes"を選択し、下方にてでてくるテキストボックスに作成者情報を記入します

パスポート番号を記入

右側の変形文字を記入してから Submit ボタンをクリックする

　DS-160 確認画面印刷の内容に誤記がないことを確認し、自分のパスポート情報と画面に表示された変形文字を箱の中にかいて Sign and Submit Application をクリックしてオンラインにて提出したら、確認画面が表示されます。この確認画面がでてきたら、印刷をクリックし、DS-160 確認画面を印刷します。

　大使館での面接時には，バーコードが付いた DS-160 の確認ページを提出します．バーコードが鮮明でなければ，受け付けられないことがありますので注意が必要です．

注)**本人による提出** － なお，法律上の例外事項に該当しない限り，第 3 者が DS-160 を作成した場合でも，ビザ申請者本人が自ら DS-160 をオンラインで提出する必要があります．本人が最終画面を提出することにより，申請者が申請書記載内容を理解し，正確に回答したとみなされます．質問内容に対して正直に回答しない場合は，ビザの発行拒否となりえます．DS-160 記載内容は宣誓供述書とみなされ，偽った情報提供は偽証罪の対象となります．

　ビザの申請方法については在日アメリカ大使館のウェブサイトから，日本語の解説ビデオをご覧いただけます．http://www.ustraveldocs.com/jp_jp/

The Complete Guide to US Visas *for Students and Researchers*　　Chapter 2-3

# F-1 ビザの面接

## 面接予約

次にビザ申請料金の支払いおよび面接の予約をするために，オンライン申請サイトでプロファイルを登録します．このプロファイルを作成し，ビザ申請費用を支払うと，面接予約をとることができます．

**(1) オンラインプロファイル作成**

まずはオンラインプロファイルを作成します．http://www.ustraveldocs.com/jp/jp-niv-appointmentschedule.asp に行くと右記の画面が出てきます．

面接予約をクリックする

画面の下方にあるステップ4,"ビザ面接の予約"の下の"面接予約をする"をクリックします.

ステップ4
ビザ面接の予約

役に立つリンク

▶ 面接の予約をする
▶ 予約を変更する

次に下記のようなプロファイル登録画面が出てきます.過去にビザの面接アカウントを作成したことがなければ,新たにアカウントを作成します.

上記画面下方の"New User?"をクリックすると,下記のユーザー登録画面が出てきますので,必要な情報を記入してSubmitボタンを押します.

次に下記の面接画面予約のホームページが表示されます．左上の新申請手続き・面接予約/郵送申請という箇所をクリックしてください．

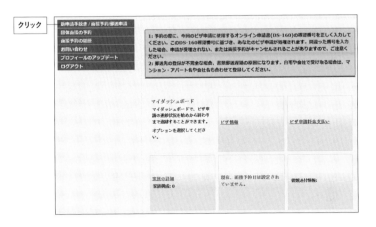

**ステップ1**：ビザの申請はF-1学生ビザ申請者は，非移民ビザを選択して次のページに進んでください．

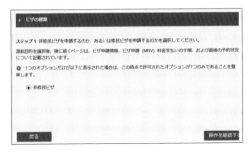

**ステップ2**：面接希望地を選択してください．

**ステップ 3**：ビザの種類は学生・交流訪問ビザを選択してください．

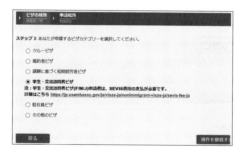

**ステップ 4**：引続き学生ビザのカテゴリーの中から F-1 を選択して，次のページに進んでください．

下記のメッセージがでてきたらアクセプトしてください．

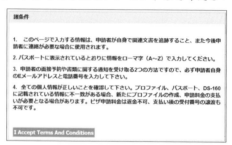

次に個人データのページがでてきます．
**ステップ5**：個人データ

この画面に個人情報を記入してください．DS-160 確認番号とは DS-160 確認画面の右上にある AA ではじまる番号のことです (60 ページ参照).

下記には日本で連絡のつく電話番号を二つ記入してください．また，パスポートの郵送先住所を記入ください．

これで登録情報の記入は終わります．この次のページからビザ申請費用の支払いに入ります．

**(2) ビザ申請費用支払**

面接の予約を行う前に申請料金を支払う必要があります．ビザ料金は申請するビザの種類によって異なります．F-1 ビザ申請者のビザ申請料金は＄160USD です．詳しくは https://travel.state.gov/content/travel/en/us-visas/visa-information-resources/fees/fees-visa-services.html を参照ください．

ビザ申請料金支払画面が表示されたら，Pay-easy 対応の ATM，インターネットバンキングまたはクレジットカードのいずれかの方法を選び，支払いを行います．支払いが完了したら，画面にビザ申請料金支払受領番号が表示されます．またビザ発給の有無にかかわらず，申請料金は返金されませんので注意が必要です．ビザ申請費用支払方法の詳細は http://ustraveldocs.com/jp_jp/jp-niv-paymentinfo.asp を確認ください．

より具体的な手順を見ていきましょう．上記の個人情報のページに必要な情報を記入し，「操作を続行する」ボタンを押したら，下記の画面が出てきます．内容を読んだあとに，確認ボタンを押してください．

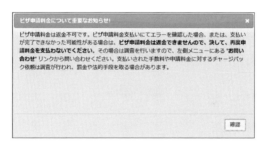

上記確認ボタンを押したら，下記の支払いの選択肢の画面がでてきますので，いずれかを選択してください．

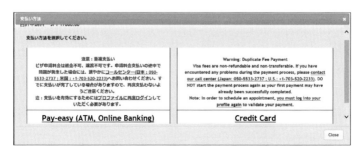

クレジットカードを選択した場合は，下記の画面が出てきます．F-1 ビザ申請費用の＄160 を日本円に換算した金額が表示されますので，カードの情報を記入してから次に進んでください．

支払いを終え，「次へ」のボタンを押すと，下記の支払い受領のメッセージが出てきます．

「次へ」のボタンを押すと下記の画面で支払受領番号が表示されます．右上にある Print をクリックして，この支払受領番号を控えてください．面接を予約するのに，この番号が必要となります．また，オンラインでの支払いに問題が生じた際にもこの番号が支払済の証拠となります．

ビザ申請費用の支払方法の詳細については http://www.ustraveldocs.

com/jp/jp-niv-paymentinfo.asp を参照してください．なお，ビザ申請料金は返金・譲渡はできませんので注意ください．

### (3) 面接予約

ビザ申請費用の支払いがおわったら，面接の空き状況を確認することができます．下記 https://cgifederal.secure.force.com/ の面接画面に戻り，登録された e-mail アドレスとパスワードと，下方の変形文字を記入して，ログインします．

ログインしたら，下記のホームページのダッシュボードが表示されます．

ダッシュボードの右上のビザクラス/F-1 をクリックすると,下記の画面が表示されます.

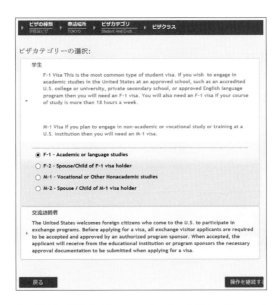

上記のビザの選択に問題がなければ,次の画面に進んでください.

次に日本の連絡先電話番号と e-mail アドレス，さらにパスポートの郵送先住所に間違いがないか確認します．訂正があれば，訂正情報を記入してください．

上記情報に問題がなければ，次の画面に進み，それぞれの質問に対して，YES か NO を回答します．回答内容により，次のページに進みます．

ステップ 6：追加家族があれば「氏名から追加」のボタンを押して，それぞれの家族情報を記入してください．

ステップ 7：追加質問に関する指示を読み，次に進みます．

ステップ 7：郵送申請の資格があるかの質問に回答して，次に進んでください．

**ステップ7**：過去にビザの発行を受けたかの質問に回答して，次に進みます．

次に郵便住所を確認し，訂正があれば新しい住所を入力してください．訂正がなければ，次の画面に進みます．

ステップ8：先に支払ったビザの申請者名と支払領収番号が下記に掲示されます．

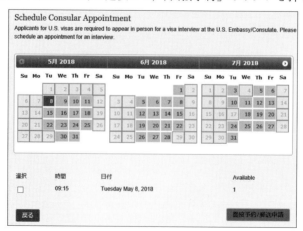

上記申請者名と支払い番号に相違がなければ，次の面接予約画面に進み，自分の希望の日時を選択して，「面接予約」のボタンを押します．

面接確認画面が表示されたら，その画面を印刷してビザ面接書類の一番

最後に後ろ向きに入れて，面接に持参します．

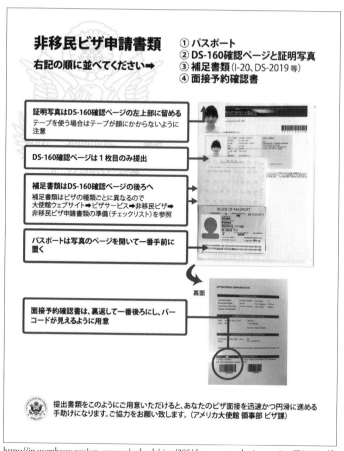

https://jp.usembassy.gov/wp-content/uploads/sites/205/document-order-instruction-JP2017.pdf

なお，家族同伴の場合，14歳未満の子供はビザ面接に同伴する必要はありませんので，親の面接時に子供の申請申請も一緒提出することができます。ただし，子供は申請時に申請国に滞在していなければなりません．

## 大使館面接

大使館面接時の一般的な注意事項については，まず第 1 章 -3 の解説をご参照ください．ここでは，F-1 ビザ申請書に特化した情報を追加で解説します．

面接確認画面に表示された日時に大使館に赴き，ビザ面接を行います．

**(1) 持参書類**

面接には下記の書類を持参します．
- a．印刷したビザ面接予約確認書
- b．DS-160 フォーム確認ページ
- c．I-20（学校の DSO と本人が署名したもの）
- d．SEVIS 費用支払い領収書
- e．カラー証明写真 1 枚（5 × 5 cm，6 カ月以内撮影，眼鏡着用不可）
- f．有効なパスポート（有効期限が 6 カ月以上あるもの）
- g．過去 10 年間に発行された古いパスポート
- h．アメリカ滞在中に十分な資金がある証明(銀行残高やその他の収入源)
- i．犯罪歴のある人は裁判記録と英訳
- j．ビザ申請地の国籍以外の人は滞在資格の証明（在留証明書，日本のビザなど）
- k．家族同伴の場合は，家族との関係を示す書類（戸籍謄本，結婚証明などと英文訳）
- l．本国とのつながりを示す書類（賃貸契約，不動産証書，銀行口座，年金証書，雇用証明，健康保険，住民票，社会活動のメンバーなど）

もし古いパスポートを紛失している場合には DS-160 のパスポート記入欄の最後に "Have you ever lost a passport or had one stolen?（パスポートを紛失, 盗難にあったことがありますか）" という質問に "Yes" と回答し，詳細情報を記入してください．紛失届や盗難に関する警察記録があれば，それも面接時に持参します．

十分な資金がある証明としては，英文で記載された銀行の残高証明などを持参してください．

同伴家族が F-1 ビザ申請者とどのような関係かを示す書類として，戸籍謄本コピーとその英文訳を持参する必要があります．万が一に謄本原本の提示を求められた場合は，その場で原本を提示できるよう準備をし

てください。日本では戸籍謄本が出生証明、結婚証明となります。以下の英文訳例を参考に、ご自身の戸籍謄本の記載内容にあった英訳を作成してください。一般に本人や家族による翻訳も受け付けられているようですが、翻訳者に関する情報に変更がないか、大使館のウェブサイトで最新情報を必ず確認してください。

戸籍謄本の英文訳例

```
Translation of Family Register Certificate
                                                    Complete Record of Family Register
Permanent Domicile        4 Chome-2-8 Shibakoen, Minato, Tokyo
Full Name (Householder)   Taro Yamada
Registration              [Transfer Date] 3/17/2008
  Transferred             [Previous Permanent Domicile] 1 Chome-1-2 Oshiage, Sumida, Tokyo
Person Registered         [Name] Taro
                          [Date of Birth] 12/4/1998   [Spouse classification] husband
                          [Name of Father] Yoshio Yamada
                          [Name of Mother] Emiko Yamada
                          [Relationship to Above] first - born son
Personal Data             [Date of Birth] 12/4/1998
Birth                     [Place of Birth] Shinjuku-ku Tokyo
                          [Date Registered] 12/6/1998
                          [Person Registering Birth] Father
Marriage                  [Date of Marriage] 10/28/2016
                          [Spouse's Name] Hanako Yamada
                          [Spouse's Nationality] Japan
                          [Spouse's Date of Birth] 7/1/1999

Certificate No.    1395675
This is to certify that the above is a complete record of the entries in the family register.
11/7/2018            Minato-ku Ward Mayor              Yamato Saito
(Issue date)         (Title of the person who issued the certificate)    (Name of the person who issued the certificate)
I am competent in English and Japanese and this is a correct and true translation.
Translator's signature:  Koji Tanaka
Translator's Name:       Koji Tanaka                   Date: 1/25/2018
```

## (2) 面接時の注意点

くり返しとなりますが、F-1 の学生には Dual Intent Protection がありません。したがって、F-1 学生がビザ面接時に将来アメリカに永住する意思があることを表明すればビザは許可されません。F-1 学生の渡米の目的は予定している学校のプログラムを終えることなので、その目的が終

了したら，すみやかに国外にでる意思があることを示さなければなりません．また，親の駐在や研究に同伴してアメリカ生活が長い人の場合は，21歳までは親の同伴家族としてアメリカに滞在できますが，それ以降は自分でF-1ビザを申請しなければなりません．ただ，親が帰国したあとも自分だけアメリカで残って研究を希望する場合，ビザ面接時に日本でほとんど学校に行ったことがないため，申請している学校でのプログラムが終了したら本当に本国に戻る意思があるのか，疑われることもありますので，自分のアメリカでの学業の目的をはっきりと説明できるように準備をした方がよいでしょう．

## (3) Administrative Processing

9/11以降，外国人学生のビザの監視が厳しくなりました．外国人学生は皆SEVISというシステムを通じて，滞在資格に違反がないか移民局から監視されています．特に技術系の学生であれば，本人が学習する内容が兵器に転用できるような分野であると疑われた場合，Administrative Processingという第2次審査に回されることがあります．過去には特にインドや中国などの学生が第2次審査に回される可能性が多かったのですが，2017年4月にトランプ大統領がBuy American and Hire Americanという大統領令を発してから，これらの国以外でのビザ面接もかなり厳しくなっているようですので，自分の学習目的をはっきりと説明できるよう，準備をした方が無難でしょう．

The Complete Guide to US Visas *for Students and Researchers*　　　　　Chapter 2-4

# 入国・滞在時の注意

## 入国時の注意

**(1) 持参するべき書類**

　　アメリカには，通常 I-20 に書かれたプログラム開始日の 30 日前から入国できます．あるいは，I-20 にいつから入国してよいか書いてある場合もありますので，I-20 を確認しましょう．アメリカへの入国時には有効なパスポート，パスポートに貼ってあるビザ・スタンプ，I-20，SEVIS費用支払領収書，さらにアメリカ滞在中に十分な資金がある証明を持参し，入国官に聞かれたらそれらを提示します．もしパスポートを更新して，ビザ・スタンプが古いパスポートに貼ってあれば，古いパスポートも新しいパスポートと一緒に入国官に提示します．

**(2) 入国時の質問に関した注意**

　　入国時には入国の目的やそのほかの活動を行うかなど聞かれることがあります．F-1 学生は申請した学校のプログラムに入学して学習する目的で入国しますので，それとは関係ない活動目的での入国は認められません．例えば，学生ビザで入国するのに，アメリカで就労するつもりである，アメリカ人の恋人と結婚する予定である，あるいはアメリカに永住するつもりである，などといった発言をすれば，その活動に見合ったビザを取り直して入国するようにいわれるでしょう．

**(3) 第 2 次審査**

　　入国時の質問問答の内容に疑いをもたれた場合，第 2 次審査室につれていかれることがあります．例えば入国目的がビザの種類と異なる場合，それについてさらに詳細情報を入手するために第 2 次審査室で，追加で質問をされることがあります．また，近年外国人に対する入国審査が厳

しくなっているために，入国時の問答に問題がなくても，無作為に選ばれて，第2次審査室に連れていかれる場合もあります．第2次審査で審査官の疑いが晴れれば，入国が許されます．逆に，旅行者が入国の意思を偽った，あるいは入国のビザ種類が間違っていると判断された場合，入国を拒否されることもありますので，注意が必要です．

## 日本に一時帰国する際の注意点

### (1) I-20 の裏書

F-1学生が一時帰国する場合，アメリカを離れる前にDSO（Designated School Official）からI-20に裏書してもらわなければなりません．DSOの裏書は6カ月間有効なので，これまでにアメリカに戻らなければなりません．アメリカを離れる前に裏書をもらい忘れた場合，至急DSOに連絡して裏書のされたI-20を送ってもらえるか問い合わせることです．

### (2) 持参するべき書類

F-1学生はアメリカに入国するのに有効なパスポート，有効なビザ・スタンプ，さらに有効なI-20を提示して入国します．後述するOPTをはじめた学生であれば，その他にも就労許可証（EAD）と雇用主からの雇用レターも準備し，入国に聞かれたら，入国官に提示します．

注意：OPT開始後すでにH-1Bなど就労ビザへの変更申請を提出した人は，入国に必要な書類を全て持参していても，OPT（F-1滞在資格）終了後は自国に帰る意思がないとみなされ，入国を拒否される可能性もありますので，すでに就労ビザへの変更申請を提出した後は，なるべく国外への出国は避けたほうが無難です．

## 滞在資格の違反

### (1) I-94 情報確認

入国時に滞在資格と滞在期間がオンラインのI-94システムに記入され

ます。入国後、オンラインの https://i94.cbp.dhs.gov/ から I-94 情報を印刷して保管ください。この I-94 情報が合法的滞在資格の証拠となるので、本人はパスポートと一緒に保管します。F-1 の学生は I-94 に書かれる滞在期間には特定の期限がありません。滞在期限の欄に D/S と書かれていますが、これは Duration of Stay の意味で、I-20 が有効である限りは滞在期間が有効だという意味です。ただし、I-20 が有効であっても、学校に行かなくなったら、SEVIS システムに滞在資格を違反した旨が明記されるので要注意です。

**(2) フルタイム学生**

F-1 学生は基本的にフルタイムに就学している必要があります。フルタイムとは、大学レベルで通常 12 クレジットのことを言いますが、大学院や博士課程になると、フルタイムの定義がこれよりも少なくなることが多いので、必ず学部かインターナショナルオフィスに確認したほうがよいでしょう。また、病気など特別な理由でフルタイムに就学ができない場合は、滞在資格の違反にならないように、事前に学部とインターナショナルオフィスの DSO に相談したほうがよいでしょう。また、ついうっかり I-20 に書かれた期間をオーバーしてしまったという場合は、事情によっては修復できることもありますので、すみやかに DSO に連絡をとり、Status Revalidation が可能か相談したらよいでしょう。

**(3) 就労**

F-1 の学生は自由に就労することができません。学校内、学校外で就労するためには、事前に特定の就労許可を取得する必要があります。許可なく就労をした場合は、滞在資格の違反となってしまいますので、要注意です。就労許可の種類に関しては、次の項目を参考ください。

## 就労に関して

**(1) オン・キャンパスでの就労**

F-1ビザ保持者は，移民局からの許可なしに学校内（On Campus）で就労することができます．就労可能な職種には学校の事務処理，教授の助手，図書館，コンピューター・ラボ，食堂など学校経営に携わるような職種が含まれますが，不明確な場合は留学生アドバイザーに確認しましょう．就労時間は，学期中は週20時間まで，夏休みや冬休みなどの休暇中は週40時間まで認められています．

## (2) Curricular Practical Training（CPT）

F-1ビザ保持者が学校外（Off Campus）で就労する方法にCurricular Practical Training（CPT）があります．CPTとは，就労内容が大学での授業の一環としてみなされる場合に与えられる就労許可です．したがって，その就労内容が学位取得のための単位につながる，もしくは学位取得のコースワークとして必修であることを証明する必要があります．Work / Study Program，Internship，Cooperative Educationなどがこれに該当します．例えば，学部のカリキュラムで一学期は外部の企業でのインターンシップをすることにより単位が与えられる場合もCPTを申請しなければなりません．CPTは，大学に最低9カ月在籍すれば申請することができます．CPTで就労するには，就労前に学部とインターナショナルオフィスのDesignated School Official（DSO）の許可を得なければなりません．CPTが学期中は週20時間まで就労が許され，夏休みなど休暇中は40時間まで許されます．CPTは最長で12カ月まで許可されますが，CPTを12カ月間使ってしまったら，その後は下記のOptional Practical Training（OPT）を申請できなくなるので，注意が必要です．

## (3) Optional Practical Training（OPT）

### i. Regular OPT

OPTとは，学生が自分の専攻分野で実践的経験を積むことを目的に与えられる就労許可証です．学生はそれぞれの雇用主情報と職務内容を大学のインターナショナルオフィスに報告する義務があります．OPTは，大学に最低9カ月在籍すれば申請することができます．OPT

は最長12カ月まで申請できますが，学期中は週20時間，夏休みや冬休みなどの休暇中および卒業後は週40時間まで働くことができます．卒業後にOPTを利用するためには，卒業の90日前から卒業後60日以内に申請しなければなりません．ただし，前述のCPTをフルタイムで12カ月間以上利用した場合，OPTの申請ができなくなるので注意が必要です．また2008年度の法律改正により，12カ月のOPT期間中に合計で90日以上非雇用状態が続いた場合，OPTが失効してしまうので注意が必要です．OPTは学位ごとに申請することができるので，学士号，修士号，博士号取得後はそれぞれ新規にOPTを申請することができます．

ii. OPT自動延長（Cap Gap Extension）

F-1学生が，最初のOPTが失効する前にH-1Bを申請した場合，H-1Bに当選すれば[34]受領通知書を大学のインターナショナルオフィスのDSOに見せることで，OPTがH-1Bの開始日である10月1日以前に失効しても，OPTの期間を9月30日まで自動的に延長してもらうことができます．DSOはOPTの自動延長についてI-20に明記します．OPTの自動延長の場合，新しい就労カードを申請するものではないので，自動延長期間中は国外への旅行は極力さけたほうがよいでしょう．また，OPT期間中に90日以上非雇用状態が続くとOPTが失効するので注意が必要です．

iii. STEM OPT延長

STEM（理数系）に該当する専攻分野の学生は，OPTをさらに24カ月延長することができます．ただし，雇用主がE-Verifyに登録することが条件となります．E-Verifyとは，国土安全保障省（DHS）と社会保障庁（SSA）が共同に開発したシステムで，新規採用者のアメリカでの就労資格を確認するオンライン・システムです．現時点では州によってこれを強制している州としていない州があります．雇用主は，

---

34) H-1Bはここ数年，年間枠を超える申請者がいるために，無作為の抽選によって選ばれます．当選者の書類だけが審査されます．

雇用開始日から3日以内に社員の名前とソーシャルセキュリティー番号をシステムに入力し，その情報が正確であるか判断されます．また，OPTを24カ月間延長するには，雇用主はこの期間の研修目的を明確にした研修計画書I-983フォームを作成し，本人がOPTの延長申請書に添付して移民局に申請をします．研修計画に変更が生じた場合は，変更点について報告をしなければなりません．STEM学生はOPTを合計で36カ月申請できるので，この間最多3回までH-1Bを申請することもでき，またこの間に永住権を申請することも検討できます．追加24カ月のSTEM-OPT期間は60日以上非雇用状態が続くとOPTが失効するので注意が必要です．

# 第3章

## J-1交流訪問者ビザ

| | |
|---|---|
| 3-1 J-1ビザとは？ | 88 |
| 3-2 J-1ビザの取得方法と必要書類の準備 | 106 |
| 3-3 J-1ビザの面接 | 111 |
| 3-4 入国・滞在時の注意 | 118 |

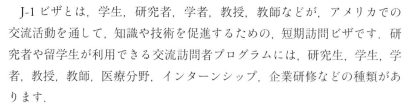

# J-1ビザとは？

　J-1 ビザとは，学生，研究者，学者，教授，教師などが，アメリカでの交流活動を通して，知識や技術を促進するための，短期訪問ビザです．研究者や留学生が利用できる交流訪問者プログラムには，研究生，学生，学者，教授，教師，医療分野，インターンシップ，企業研修などの種類があります．

　J-1 ビザを申請するためには，国務省に認可された J-1 スポンサー団体もしくは教育機関に対して，交流プログラムの申請を行い，J-1 ビザ申請に必要な J-1 資格証書（DS-2019, Certificate of Eligibility for Exchange Visitor J-1 Status）を発行してもらいます．J-1 申請者はこの DS-2019 を持ってアメリカ大使館かアメリカ領事館でビザ面接を行い，J-1 ビザの発給を受けます．

## J-1 ビザの特徴

　J-1 ビザの特徴は，アメリカ大使館でビザを申請する前に，J-1 スポンサー団体と J-1 ホスト団体を決めることです．J-1 スポンサー団体はビザ申請に必要な J-1 資格証書（DS-2019）を発行してくれます．J-1 ホスト団体はプログラムを提供してくれます．大学での教鞭や学習の場合は，通常は大学がスポンサー団体とホスト団体を兼任しています．J-1 保持者は，アメリカ国以内で他のビザに変更申請することもできますが，2 年間の国外待機条件（2 years' residence rule）の対象となる場合は，その条件の免除（Waiver）を受けなければ，特定の短期就労ビザ（H, L）や家族ビザ（K），さらに永住ビザの発行を受けることができません（104 ページ参照）．また，F-1 学生とは異なり，J-1 の配偶者は最初から就労許可証を申請することができます．

> J-1ビザ申請前にスポンサー団体による資格証書(DS-2019)が必要

## 各プログラムの特徴

J-1 ビザの対象となる交流プログラムには表に示す 15 のカテゴリがあります．本書ではそのうち，アメリカの大学や企業への研究留学に関連するものを紹介します．

J-1 交流訪問者ビザの対象となるプログラム

(1) 研究員(Research Scholar)
(2) 医師(Physician)
(3) 教授(Professor)
(4) 教師(Teacher)
(5) 短期学者(Short-Term Scholar)
(6) J-1学生(College and University Student)
(7) 企業研修(Trainee)
(8) インターン(Intern)
(9) スペシャリスト(Specialist)
(10) オペア(Au Pair)
(11) キャンプカウンセラー(Camp Counselor)
(12) 政府訪問者(Government Visitor)
(13) 国際訪問者(International Visitor)
(14) 中等教育学校の学生(Secondary School Student)
(15) サマーワークトラベル(Summer Work Travel)

https://j1visa.state.gov/programs/ を参考に作成．
本章では (1) ～ (9) について解説している．

### (1) 研究員（Research Scholar）

J-1 の研究員プログラムは，研究施設，企業研究所，博物館，図書館，公認の大学機関や類似の機関で研究プロジェクトに関する研究，観察，コンサルティングを行い，日米間の研究施設や学術機関の間で意見，研究，相互の知識向上する目的で渡米する外国人向けのプログラムです．アメリカでポスドクとして働く日本人研究者の多くは，このプログラムで渡米しています．スポンサー団体に異存がなければ，アメリカで教えたりすることもできます．研究員がアメリカで就くポジション自体がパーマネント（長期的な）のポジションであっても，J-1 研究員のポジションは短期的でなければなりません．プログラム責任者の承認があり，かつプログラムの課題と合致しており，プログラム終了日を遅延するものでなければ，研究員が臨時に講義をしたり，短期的なコンサルティングを行うこともできます．

J-1研究員プログラムの申請者は下記の条件を満たさなければなりません．
- 終身在職権（テニュアトラック）のポジション候補ではないこと
- プログラム開始日直前の 24 カ月間に研究員プログラムに参加して終了していないこと
- プログラム開始日直前の 12 カ月間に J ビザプログラムの全過程もしくは部分的にも参加していないこと．例外として，以下の 3 つのいず

れかに該当する場合は，この条件は免除となります
・申請者が現在 J-1 の研究員プログラムに参加しており，アメリカ国内の別の施設に移転して現行の J-1 プログラムを続行する場合
・申請者が過去に J-1 プログラムに参加した期間が 6 カ月未満である場合
・前に参加した J-1 プログラムが短期学者のプログラム（97 ページ参照）である場合

J-1 研究員プログラム期間は原則 5 年までです．プログラム終了後 2 年間国外に出ていれば，再度同じ J-1 研究員プログラムを申請することができます．5 年間のプログラムが終了したら，原則としてプログラムの延長はできませんが，下記の条件を満たせば国務省はその裁量によって，5 年目以降の延長（一般に "G-7" プログラム）を認めることもあります．

- J-1 研究員が，連邦政府資金による実践研究センター（Federally Funded Research and Development Center：FFRDC）もしくはアメリカ連邦研究所の直接のスポンサーシップの下で行われる研究プロジェクトに携わっている
- プログラム延長の申請者である FFRDC もしくはアメリカ連邦研究所が，評価プロセスを経て，その研究プロジェクトを成功に導くために研究員の継続した関与が有益であると判断した場合
- 国土安全保障省長官が自己裁量により延長申請を許可した場合

なお，プログラム延長は 5 年を超えることはできません．

## (2) 医師（Physician）

J-1 の外国人医療教育プログラムは，アメリカの認可校にて，大学院レベルの教育や研修を提供しています．アメリカで医療研修を希望する者は，国務省に認可された J-1 スポンサー団体である Educational Commission for Foreign Medical Graduates（ECFMG[1]）を通して J-1 の

---

[1] ECFMG の詳細については https://www.ecfmg.org/ を参考のこと．

申請を行います．ECFMG は J-1 申請者の資格を検討し，J-1 申請者にビザ申請に必要な DS-2019 を発行します．
　申請者は下記の条件を満たさなければなりません．
- アメリカでの医療プログラムに参加するために必要な十分な教育やトレーニングを受けていること
- アメリカでの医療プログラムにふさわしいバックグラウンド，ニーズ，経験があること
- アメリカでの医療プログラム環境に順応できること
- 英語での読み書き，意思疎通など英語力があること
- National Board of Medical Examiners Examination か Foreign Medical Graduate Examination のステップ I と II に合格していること，あるいは医療審査官国家委員会によるビザ資格試験（Visa Qualifying Examination：VQE）に合格していること
- 自国政府もしくは最終居住国の政府からの需要レター（Statement of Need）を提出すること．レターはアメリカ保健福祉省長官（Secretary of Health and Human Services）宛に，アメリカのプログラムで習得した技術を当該国が必要としていること，申請医師がアメリカでのプログラム終了後に当該国に戻る意思があることを書面にて確認したことを説明したもの
- アメリカ公認医学部，提携病院もしくは科学機関から公認の卒後医学教育を提供するという合意書で，外国人医師とトレーニング責任者の署名済のものを提出すること

Statement of Need の文面例

**Statement of Need**

Name of applicant for Visa: _____.

There currently exists in (Country) a need for qualified medical practitioners in the specialty of _____.

(Name of applicant for Visa) has filed a written assurance with the government of this country that he/she will return to this country upon completion of training in the United States and intends to enter the practice of medicine in the specialty for which training is being sought.

Stamp (or Seal and signature) of issuing official of named country.

Dated: _____
_____

Official of Named Country.

### 医療プログラム滞在期間

- 医学部の臨床プログラム，もしくはアメリカ認可の医学部もしくは科学機関での研修に参加を希望する医師は，一般にそのプログラムが終了するまでアメリカでの滞在が許されます
- それ以外のプログラムは，医師が研修後に戻る国に特別な需要がない限りは，通常7年まで滞在が許されます
- 正当な理由を示すことができれば，プログラム期間は，医師資格試験を受験するために必要な時間分延長することができます
- 国務省は，医師資格試験の条件であれば，プログラム期間に監督下の医療業務期間を含めることができます
- 正当な理由があれば，国務省はプログラム期間を一年間延長し，臨床

研修を一年間くり返すことを許可することができます

## プログラムの変更
- 国務省がプログラム変更を承認してくれれば，J-1 医療プログラム参加目的でアメリカに入国してから 2 年間以内に自分が参加している医療プログラムを変更することができます．ただし，新しい分野に関して，臨床プログラム参加条件とプログラム期間の条件を満たしていなければなりません

## プログラム参加継続報告
- 外国医師は毎年法務長官に対して誓供述書（I-644 フォーム）を提出して，医療教育もしくは研修プログラムへの参加状態が良好であること，また，プログラム終了後は自国もしくは最終居住局に戻る意思があることを確認します

## 2 年間の国外待機条件
- 1977 年 1 月 10 日以降に医学教育や研修目的で渡米した J-1 訪問医師は，移民国籍法 212e 条に基づき，自動的に 2 年間の自国待機条件の対象となります．つまり，J-1 研修終了後に自国もしくは最終居住国に 2 年間滞在しなければ，将来アメリカの H，L，K もしくは永住ビザの発行を受けることができません．対象医師は，日本政府から "No Objection" レターを取得して，この 2 年間の滞在条件を免除（Waiver）することもできません
- 観察，コンサルティング，教鞭，研修目的で渡米する訪問医師は，移民国籍法 212e 条に基づく 2 年間の自国待機条件の対象とはなりません．ただし，政府の補助金を受けていたり，また自国の交換訪問者スキルリスト（Exchange Visitor Skills List）に記載のある分野のプログラムに参加している場合は，2 年間の自国待機条件の対象となります．この場合，対象医師は，自国政府の外交ルート（大使館など）から国務省宛に "No Objection" レターを提出することにより，2 年間の自国

待機条件の免除（Waiver）を申請することができます

**Conrad 30 Waiver Program**
- J-1プログラム参加の医師は，Conrad 30免除プログラムを利用して，2年間の国外待機条件の免除を申請することができます．このプログラムは特定地域で不足する医師を補填する目的でつくられたプログラムです．医師は政府指定地域の施設と契約を結び，H-1Bで3年間勤務することに同意します．自国政府の補助金支給を受けていれば，自国政府からのNo Objection Letterを取得します．J-1ビザの終了日ではなく，免除承認通知が届いてから90日以内に指定の施設で勤務を開始することに同意します．3年間の勤務が終了したら，医師は永住権を申請することもできます

**(3) 教授（Professor）**

J-1の教授プログラムは，アメリカで認可されている大学，博物館，図書館や類似の機関で教えたり，観察したり，コンサルティングを行い，日米間の研究施設や学術機関の間で意見，研究，相互の知識向上する目的で渡米する外国人向けのプログラムです．スポンサー団体に異存がなければ，アメリカで研究をすることもできます．

J-1教授プログラム申請者は下記の条件を満たさなければなりません．
- 終身在職権（テニュアトラック）のポジション候補ではないこと
- プログラム開始日直前の24カ月間に教授プログラムに参加して終了していないこと
- プログラム開始日直前の12カ月間にJビザプログラムの全過程もしくは部分的にも参加していないこと．例外として，以下の3つのいずれかに該当する場合は，この条件は免除となる
  ・申請者が現在J-1の教授プログラムに参加しており，アメリカ国内の別の学校に移転して現行のJ-1プログラムを続行する場合
  ・申請者が過去にJ-1プログラムに参加した期間が6カ月未満である場合
  ・前に参加したJ-1プログラムが短期学者のプログラム（97ページ参照）である場合

J-1 教授プログラム期間は原則 5 年までです．プログラム終了後，2 年間国外に出ていれば，再度同じ J-1 教授プログラムを申請することができます．5 年間のプログラムが終了したら，原則としてプログラムの延長はできませんが，下記の条件を満たせば国務省はその裁量によって，5 年目以降の延長（一般に "G-7" プログラム）を認めることもあります．プログラムを延長するには下記の条件を満たすことが必要です．

- J-1 教授が，連邦政府資金による実践研究センター（Federally Funded Research and Development Center：FFRDC）もしくはアメリカ連邦研究所の直接のスポンサーシップの下で行われる研究プロジェクトに携わっている
- プログラム延長の申請者である FFRDC もしくはアメリカ連邦研究所が，評価プロセスを経て，その研究プロジェクトを成功に導くために申請者の継続した関与が有益であると判断した場合
- 国土安全保障省長官が自己裁量により延長申請を許可した場合

なお，プログラム延長は 5 年を超えることはできません．

### (4) 教師（Teacher）

J-1 の教師プログラムは，アメリカ公認の小学校，中学校，高校で教師として教える機会を与えるプログラムです．教師はこのプログラムを通じてアメリカの教育方法を学び，また自国の文化について教えることができます．申請者は下記の条件を満たさなければなりません．

- 自国か最終居住地で小学校もしくは中高校の教師の資格を有していること
- 申請時点で自国もしくは最終居住地で小学校もしくは高校で教えていたこと，もしくは教師として教えていなければ，教師の資格を有し，かつ（a）申請時から 12 カ月以内に上級学位を取得した，さらに（b）過去 8 年間に 2 年間のフルタイムの教鞭経験があること
- 教育学もしくは予定している教鞭分野でアメリカの学士号と同等の学位を有していること
- 最低 2 年間（24 カ月）の教鞭もしくは専門の経験があること
- 教鞭を予定しているアメリカの州の基準を満たしていること

- 善良で評判のよいこと
- アメリカの小学校（幼稚園に入る前の未就園児を含む）かアメリカ認可の中学校や高校でフルタイムの教鞭をとることが目的で渡米すること〔幼稚園に入る前の未就園児を教える場合は，フルタイムで自国語（language immersion[2]）で教えなければなりません〕
- 英語能力が十分にあること

教師の滞在期間は3年ですが，J-1プログラムを提供するホスト校（下記URLから検索可能 https://j1visa.state.gov/participants/how-to-apply/sponsor-search/?program=Teacher&state=any）は，J-1スポンサーにプログラムを1年から2年間延長するように申し出ることができます。J-1スポンサーが延長を認めれば，国務省に延長申請を提出します。延長申請は，延長期間開始日の3カ月前までに申請しなければなりません。延長は自動的に承認されるものではありませんが，延長回数には制限がありません。J-1教師プログラムを終えた教師は，アメリカ国外に2年間滞在していれば，再度J-1教師プログラムに参加することができます。

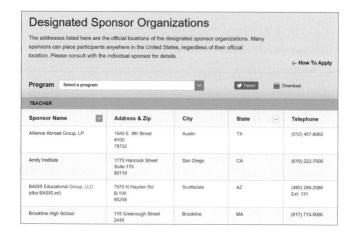

---

[2] Language Immersion とは第2言語で授業を行うことにより，外国文化や言語を体験できるという教育プログラムのことです。

## (5) 短期学者（Short-Term Scholar）

J-1 の短期学者プログラムは，研究施設，博物館，図書館，公認の大学機関や類似の機関で講義，観察，コンサルティング，研修を行ったり，特別な技能を披露することを目的にアメリカにくる教授，研究員や同等の学位や功績のある個人向けのプログラムです．

**資格条件**：J-1 短期学者プログラムの申請者は教授，研究員，もしくは同類の教育や経験のあることが条件となります．
**プログラム期間**：J-1 短期学者プログラムの期間は最長で 6 カ月までとなります．J-1 短期学者プログラムは延長したり，他の J-1 プログラムに変更することはできません．
**文化活動**：短期学者は，アメリカ人との文化交流活動義務はありませんが，スポンサーは文化交流活動の機会を設けるように国務省から促されています．
**訪問場所**：J-1 短期学者は，DS-2019 に書かれた場所（コンファレンス，ワークショップ，セミナー，その他イベント会場など）にてプログラムに参加することができます．DS-2019 に書かれていない施設で講義やコンサルティングを行うためには，プログラム責任者がその活動に対し書面で承認しなければなりません．その承認レターを DS-2019 に添付しなければなりません．

## (6) J-1 学生（College and University Student）

J-1 の大学生はアメリカにて学位取得目的のために留学もしくは学生のインターンシッププログラムに参加することにより，自国の大学での学習目的を達成するためのプログラムです．学生は学位取得の過程を終了するまで J-1 プログラムに参加することができます．学位取得を目的としないプログラムであれば最高で 24 カ月までプログラムに参加することができます．

J-1 大学生プログラムの申請者は下記の条件を満たさなければなりません．

- アメリカ政府，自国政府，あるいはアメリカが条約や法律による加入国である国際機関からから直接もしくは間接的に資金援助を受けていること，もしくは自身や家族以外から資金援助を受けていること
- アメリカ政府と外国政府間の合意やアメリカと外国の教育機関間，アメリカの教育機関と外国政府間，アメリカの州政府や地元政府と外国政府間の書面による合意に基づくもの，あるいは，学生が自国の学位過程の目的を達成するためのインターンシッププログラムに参加すること
- 学位取得を目的としないプログラムにフルタイムで参加すること．学位を取得しないプログラムは，学術的トレーニング期間を含めて最長で24カ月までとなります

**就労**：学生はホスト団体の許可があれば一定条件を満たせばパートタイムで仕事をすることができます．また，学部長もしくはスポンサー団体のアドバイザーか責任者の許可があれば，有給もしくは無給の学術的トレーニングに参加することができます．

**J-1スポンサー**：J-1プログラムの参加を希望する学生はJ-1プログラムをスポンサーしてくれる団体を決めなければなりません．次に，教育プログラムを提供してくれるホスト団体となる大学を探さなければなりません．ホスト団体となる大学自体がJ-1プログラムスポンサーを兼任している場合もあります．

**プログラム期間**：
- 学位取得プログラムに参加する学生は，(1) DS-2019に明記されている大学でフルタイムの授業を履修し，プログラムを完了するために満足のいく成果を上げている限り，当該大学での学習期間，あるいは(2) 認可された学術研修プログラムに参加している期間
- 学位取得を目的としないプログラムの場合は最長24カ月までです．学生は，(1) DS-2019に明記されている大学でフルタイムの授業を履修し，プログラムを完了するために満足のいく成果を上げていること，あるいは(2) 認可された学術研修プログラムに参加していることが条件となります

## (7) 企業研修（Trainee）

J-1 企業研修プログラムは，研修生の専門分野に関する実地研修をアメリカで行うことにより，アメリカの技術や手法を学び，研修後自国に戻り，アメリカでの研修成果について広めることを目的としています．また，企業研修プログラムを通じて，アメリカ人社員と交流することによりアメリカの文化や社会について学び，さらに研修生の自国の文化や技術についてアメリカ人社員の知識を向上させることも推進しています．このようにアメリカでの研修は知識や技術を向上する目的であるため，研修内容が正規のフルタイムやパート社員に代わって日々の業務を行うような内容であることはできません．また，20％以上の時間を事務的なサポート作業に費やすこともできません．また，非熟練労働や一般的労働，児童保育や高齢者介護，あるいは患者と接触するようなサービスに就くことも禁止されています．

- 研修内容はアメリカ特有な内容で自国では研修不可能な内容であること
- 対象者は（1）アメリカ国外で大学や短大，専門学校を卒業し，1年以上の関連職務経験を積んだ者，もしくは（2）高卒者，もしくはアメリカ国内で学位を取得した場合は，アメリカ国外で5年以上の同分野での職務経験者
- 研修期間は最長18カ月，旅行・サービス業界での研修は最長12カ月

企業研修内容として認められているのは，下記の業種となります．

- Agriculture, Forestry, and Fishing;
- Arts and Culture;
- Construction and Building Trades;
- Education, Social Sciences, Library Science, Counseling and Social Services;
- Health Related Occupations;
- Hospitality and Tourism;
- Information Media and Communications;
- Management, Business, Commerce and Finance;

- Public Administration and Law; and
- The Sciences, Engineering, Architecture, Mathematics and Industrial Occupations.

　J-1 研修ビザを申請する前に，研修を提供するホスト企業は詳細な研修プラン（DS-7002）を J-1 スポンサーに提出します．研修プランが承認されれば，スポンサーによっては筆記もしくはビデオコンファレンスか電話による簡単な英語のチェックがあります．英語能力に問題ないと判断されれば，J-1 スポンサーは J-1 ビザ資格証書である DS-2019 を発行して申請者に郵送します．申請者は DS-2019 をビザ申請書類とともにアメリカ国外のアメリカ大使館・領事館に提出し，J-1ビザの申請・面接を行います．

## (8) インターン（Intern）

　J-1 インターンビザは，アメリカ国外の大学や短大，専門学校に在学中の学生，もしくはインターン開始日前の 1 年以内に卒業した者がアメリカでインターンを通じて実習経験を積むことを目的とするものです．また，インターン生は，アメリカ人社員と交流することによりアメリカの文化や社会について学び，さらにインターン生の自国の文化や技術についてアメリカ人社員の知識の向上にも貢献します．

　最長 12 カ月までその専門科目に関連する分野での研修を行うことができます．インターン生は 20％以上の時間を事務的なサポート作業に費やすことはできません．また，インターン生は非熟練労働，一般的労働，児童保育や高齢者介護，あるいは患者と接触するようなサービスに就くことは禁止されています．

　インターンの内容として認められているのは，下記の業種となります．
- Agriculture, Forestry and Fishing;
- Arts and Culture;
- Construction and Building Trades;
- Education, Social Sciences, Library Science, Counseling and Social

Services;
- Health Related Occupations;
- Hospitality and Tourism;
- Information Media and Communications;
- Management, Business, Commerce and Finance;
- Public Administration and Law; and
- The Sciences, Engineering, Architecture, Mathematics and Industrial Occupations.

J-1 インターンビザを申請する前に，インターンを提供するホスト企業は詳細なインターン・プラン（DS-7002）を J-1 スポンサー団体に提出します．研修プランが承認されれば，スポンサーによっては筆記もしくはビデオコンファレンスか電話による簡単な英語のチェックがあります．英語能力に問題ないと判断されれば，J-1 スポンサー団体は J-1 ビザ資格証書である DS-2019 を発行して本人に郵送します．申請者は DS-2019 をビザ申請書類とともにアメリカ国外のアメリカ大使館・事館に提出し，J-1 ビザの申請・面接を行います．

### (9) スペシャリスト（**Specialist**）

J-1 スペシャリストプログラムは日米の専門家がお互いの知識や技術を披露しながら交流を深めるためのプログラムです．スペシャリストはアメリカの施設を訪問・観察し，自分の専門分野においてアメリカの技術や手法などを学び，自分の技術のデモンストレーションを行うことにより，科学機関，政府機関，博物館，企業，図書館や類似の機関との相互理解を深めます．さらに，このプログラムを通じてアメリカの文化や社会について学び，アメリカ人にも自国の文化や技術についての知識を高めてもらいます．交流分野としてマスコミ，環境科学，若者リーダーシップ，国際教育交換，博物館展示，雇用労働法，行政，図書館学などが含まれます．このスペシャリストプログラムには，前述した研究員，教授，短期学者，訪問医師は含まれません．

- スペシャリスト資格：専門知識を有する分野の専門家であり，その専門分野に関してアメリカの知識や技術を観察し，自分の専門知識や技術を披露するために渡米し，アメリカ国内で長期・永久なポジションに雇用されるものではないこと
- スポンサー審査：J-1スポンサーが申請者の資格を検討し承認すれば，申請者にプログラムの場所，長さ，内容，俸給（あれば）について情報を提供します．スポンサーはさらに，申請者がビザ申請に必要なDS-2019を発行します
- プログラム場所：DS-2019に明記された場所となります
- プログラム期間：プログラム完了に必要な期間．最長で1年を超えることはできません

## Jビザを取得できるのはどの機関？

　Jビザを申請するためには，まずはJ-1のスポンサーとなる学校あるいは団体を探します．Jビザを取得できるのは，国家安全捜査局の一部門である学生・交換訪問者プログラム，国務省に認可された学校や機関に限られています．国務省はSEVISというシステムを通して，J-1スポンサー団体およびそこに登録されているJ-1保持者を監視しています．J-1のスポンサー団体はhttps://j1visa.state.gov/participants/how-to-apply/sponsor-search/から検索をすることができます．Select a Programという欄をクリックするとJ-1プログラムの種類がでてきます．そのなかから自分が希望するプログラムをクリックすると，そのプログラムをスポンサーする団体のリストがでてきます．

次にJ-1プログラムを提供するホスト団体を決めなければなりません．J-1スポンサーとなる大学自体が学習やインターンシップなどを提供するホスト団体を兼任している場合もあります．その場合はホスト団体を別途探す必要はありません．

## ビザの期限と滞在期間

J-1交流訪問者ビザ保持者は，DS-2019に記載された期間の滞在が可能です．また，DS-2019に書かれたプログラム開始日の30日前からアメリカに入国することができます．また，J-1プログラム終了後30日間の猶予期間（Grace Period）が与えられ，この間も滞在が可能で，帰国に向けて準備をすることなどができます．

J-1交換留学生・研修生のビザスタンプと滞在期限は，J-1のプログラムによって異なります．滞在期間に関しては，J-1スポンサーが発行するDS-2019にプログラムの期限が書かれており，その期間までアメリカに滞在することができます．J-1もF-1の学生と同様に，滞在期間情報を示すI-94には滞在期限はD/Sと書かれています．つまり，DS-2019の有効期限まで滞在期間が有効だという意味です．ただし，DS-2019が有効であっても，就学や研修を中断した場合，SEVISシステムに滞在資格を違反した旨が明記されるので要注意です．

> **J-1ビザではプログラム開始日の30日前から渡米可能**

## No Dual Intent Protection

　F-1 学生ビザと同様，J-1 交換留学生・研修生にも Dual Intent Protection がありません。Dual Intent Protection とは移民する意思を見せても問題にならないことを指します。例えば H-1B や L ビザなどの就労ビザは Dual Intent Protection があるため，ビザ面接時に将来アメリカに永住する意思があることを表明しても，ビザ審査に影響はありません。しかし，J-1 交換留学生・研修生がビザ面接時に将来アメリカに永住する意思があることを表明すればビザは許可されません。J-1 交換留学生・研修生の渡米目的は，予定している学校のプログラムや研修を終えることなので，その目的が終了したら，すみやかに国外にでる意思があることを示さなければなりません。入国時の入管審査も同様です。J-1 ビザは，「移民の意志」を表すことが認められていないため，本国へ帰る意志があること，そして滞在するための十分な資金があることを証明する必要があります。

> J-1 ビザは将来アメリカに移住する意志を見せてはいけない

## 2 年間の自国待機条件

　J-1 プログラムには 2 年間の自国待機条件があります。一般に，J-1 プログラムが終了したら，J-1 プログラムで習得した知識や経験を生かすために自分の出身国や最終居住国に戻らなければなりません。2 年間の自国待機条件とは，プログラム終了後，自国か最終居住国に 2 年間滞在しなければ，将来 H-1B（専門職），L-1（関連企業間転勤），K（フィアンセ，配偶者）ビザや移民ビザ（永住権）の発給を受けることができないという規定です。以下の条件の 1 つ，あるいは複数の条件が当てはまる場合は，2 年間の自国待機条件の対象となります。

- アメリカ政府，本国政府，あるいは渡米前の居住国の政府の出資によるプログラム参加
- 交流訪問者プログラムで習得した専門知識・技能が必要技術リストに指定

されている国の居住者．ただし，日本国籍保持者はこれに該当しません
- 医学研修プログラム（専門教育研究機関や医師協議会関連プログラムを除く）

　日本国内の政府機関である日本学術振興会などから支援を受けて J-1 プログラムに参加する場合は，政府出資のプログラムに該当しますので，一般的に 2 年間の国外滞在義務がつきます．また，各国が必要とする技術分野での研修をする場合は，2 年間の自国待機条件の対象となります．一般に，日本やその他の先進国には不足技術がないために，通常は 2 年間の本国滞在要求はありませんが，訪問医師の場合は国を問わずに 2 年間の自国待機条件の対象となります．下記の URL から 2 年国外待機条件に値するような国別のスキルリストを検索することができます．

https://travel.state.gov/content/travel/en/us-visas/visa-information-resources/skill-list-by-country.html

　国外の 2 年待機条件の対象になっているかは DS-2019 とビザ・スタンプの下方に「**TWO YEAR RULES DOES APPLY TO JAPAN**」と記載されていますので，そこから確認することができます．

## 配偶者・子供のビザは？

　J-1 の申請者の配偶者と子供は，J-2 同伴家族ビザもしくは ESTA（ビザ免除）か B-2 観光ビザで入国することができます．配偶者が ESTA や B-2 ビザで入国した場合は，就労許可証を申請できませんが，J-2 ビザで入国した場合は，J-1 スポンサーの許可があれば，就労許可証を申請することができます．J-2 配偶者の就労の種類や給与額に制限はありませんが，J-2 配偶者の収入で J-1 研修者の生活を支えるようなことはできません．

　子供が現地で学校に行くためには J-2 同伴家族ビザを申請して入国します．ただし，子供が 21 歳になった時点で親の同伴家族として J-2 ビザを維持できなくなるので，21 歳になる前に子供独自の F-1 学生ビザに切り替えなければなりません．J-2 ビザの子供は就労許可証を申請することができません．

The Complete Guide to US Visas *for Students and Researchers*   Chapter 3-2

# J-1ビザの取得方法と必要書類の準備

## J-1ビザ取得の流れ

J-1 ビザ申請は下記の手順となります.

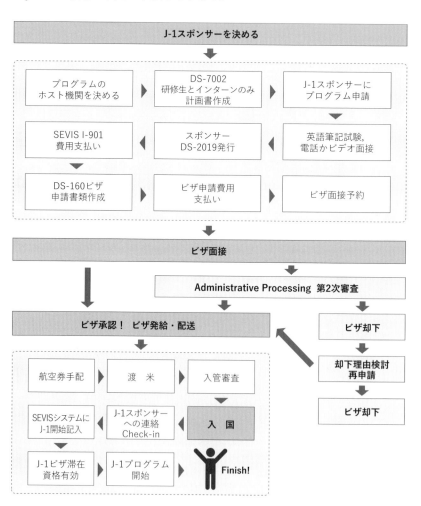

## ビザ申請に必要な書類

### (1) DS-2019 の申請

プログラム機関にプログラム申請書類を提出し，DS-2019 発行をしてもらってください．発行までの書類手続きのほとんどはプログラム機関が代わりに行います．プログラム機関から要求される情報を提供してください．英語の能力評価は該当する TOEFL などの点数の証明書類の提出か，スカイプなどを介した面接で行われます．無事に DS-2019 が発行されると，プログラム機関から国際郵便で日本の所在地に送られてきます．

研修生とインターン生の場合は，プログラム申請書類と一緒に研修計画書（フォーム DS-7002）を一緒に提出します（DS-7002 の詳細は 121 ページ参照）．J-1 スポンサーが研修計画書を審査し承認したら，英語能力評価のために電話やスカイプでのインタビューを行います．スポンサーによっては，TOEFL iBT，IELTS，PTE，TOEIC，CAE，CPE などの英語の筆記試験に最低点を設けている場合があります．英語力が認められたら，ビザ申請に必要なフォーム DS-2019 と J-1 研修に関する説明書類が申請者の住所に送られてきます．

DS-2019 の例，記載情報の見方

## (2) SEVIS (I-901) 費用

J-1 ビザ申請者は，SEVIS 費用（I-901 Fee）の支払いが義務つけられています．DS-2019 が発行されたら，SEVIS 費用をオンラインで支払います．ビザ面接日前の 3 営業日までに支払わなければなりません．J-1 の場合は米ドル額で＄180 支払います．支払いを終えたら領収書を印刷してください．領収書原本はビザ面接に持参します．詳細については SEVIS I-901 費用のサイト（https://fmjfee.com/i901fsteamee/index.html）を参考のこと．

I-901 SEVIS 費用支払い画面

家族同伴の場合，家族には SEVIS 費用はかからないので，間違えて家族の分を支払わないようご注意ください．SEVIS 費用を支払い終えたあとに，支払い情報に誤記があったことが発覚した場合，再度支払いをしないでください．その場合，fmjfee.sevis@ice.dhs.gov に e-mail で情報の訂正を依頼してください．その他には I-901 のカスタマーサポートの電話番号（US）1-703-603-3400 までお問合せください．

J-1 ビザが却下された場合，SEVIS 申請費用は同じプログラムで再申請するのであれば，12 カ月有効ですので，再度 SEVIS 費用を支払う必要はありません．

**(3) DS-160 ビザ申請書類**

ビザ申請書類 DS-160 は，第 2 章 -2 で解説した F-1 ビザのときとほぼ同一の手順で作成できます．詳しい手順は 48 ページを参照してください．

J-1 で特有なものとしては，渡航予定日はプログラム開始の 30 日以上前にしないでください．アメリカ国内の連絡先は，プログラム機関の担当者もしくは，受入れ研究室のボスの名前を記入してください．

J-1 では SEVIS 情報のところに Program Number という項目があります．ここには DS-2019 に書かれてあるプログラム番号を書きます．

```
SEVIS ID
N0123456789
(e.g., N0123456789)

Program Number
- -
```

The Complete Guide to US Visas *for Students and Researchers*  Chapter 3-3

# J-1ビザの面接

## 面接予約

　面接予約の手続きについても，第 2 章 -3 で解説した F-1 ビザの手順とほぼ同じですので，本章では J-1 ビザで異なる点について解説します．

### (1) オンラインプロファイル作成

　ユーザー登録を行い，面接画面予約のホームページを開いた後，左上の新申請手続き・面接予約 / 郵送申請という箇所をクリックしてください．

ステップ 1：J-1 学生ビザ申請者は非移民ビザを選択して次のページに進んでください．

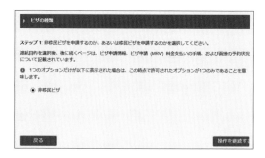

ステップ 2：面接希望地を選択してください．

ステップ 3：ビザの種類は学生・交流訪問ビザを選択してください．

**ステップ4**：引続き学生ビザのカテゴリーのなかからJ-1を選択して、次のページに進んでください．

その後の個人データの入力などは，F-1ビザと同様に行い，ビザ申請費用の支払いに移ります．

**(2) ビザ申請費用支払**

J-1ビザの申請料金は，F-1ビザと同じ＄160USDです．支払いの手順について，詳しくは第2章-3の67ページをご参照ください．面接予約に必要となりますので，支払完了後に表示される支払い受領番号を必ず控えてください．

**(3) 面接予約**

ビザ申請費用の支払いが終わったら，面接の予約に関しても，第2章-3と同様の手順にて行います．ホームページのダッシュボードにおいて，ビザの種類がJ-1となっていることを確認してください．

ダッシュボードの右上のビザクラス/J-1 をクリックすると，下記の画面が表示されます．

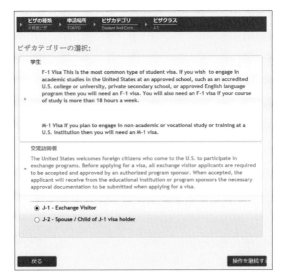

上記のビザの選択に問題がなければ，以下同様に，連絡先電話番号やE-mail アドレス，家族情報の追加，日時の選択などを行ってください．

面接確認画面が表示されたら，その画面を印刷してビザ面接書類の一番最後に後ろ向きにいれて，面接に持参します．

こちらも，家族同伴の場合，14歳未満の子供はビザ面接に同伴する必要はありませんので，親の面接時に子供の申請申請も一緒提出することができます．ただし，子供は申請時に申請国に滞在していなければなりません．

## 大使館面接

面接確認画面に表示された日時に大使館に赴き，ビザ面接を行います．

### (1) 持参書類

面接には下記の書類を持参します．

a. 印刷したビザ面接予約確認書
b. DS-160 フォーム確認ページ
c. DS-2019（Certificate of Eligibility for Exchange Visitor J-1 Status（J-1 資格証書）
d. SEVIS 費用支払い領収書
e. カラー証明写真 1 枚（5 × 5 cm，6 カ月以内撮影，眼鏡着用不可，白背景）
f. 有効なパスポート（有効期限が 6 カ月以上あるもの）
g. 過去 10 年間に発行された古いパスポート
h. 犯罪歴のある人は裁判記録と英訳
i. ビザ申請地の国籍以外の人は滞在資格の証明（在留証明書，日本のビザなど）
j. 家族同伴の場合は，家族との関係を示す書類（戸籍謄本，結婚証などと英文訳）
k. J-1 プログラム終了後に帰国する意思を示す書類〔本国に財務的，社会的，家族的な強いつながりがある証拠書類．例：住民票，賃貸契約，不動産（持家）証書，銀行口座，健康保険，雇用証明，

年金証書，社会的組織のメンバー，日本での収入源やビジネス，など〕
- l. アメリカ滞在期間中の学費や生活費を賄う十分な資金があることを証明する書類（銀行残高証明書，預金通帳原本など）
- m. 第3者による資金援助がある場合は，申請者との関柄を示す書類と第3者の財務情報（納税証明・給与証明・預金額など）
- n. 企業研修プログラム参加者は詳細な履歴書と英文の大学卒業証書と成績証明書
- o. 科学（化学）技術関連プログラムに参加する申請者は，完全な履歴書，すべての出版物のリスト（該当者のみ），学校からの受入状／招待状

**(2) 面接時の注意点**

J-1の申請者にはDual Intent Protectionがありません．したがって，J-1申請者がビザ面接時に将来アメリカに永住する意思があることを表明すればビザは許可されません．J-1申請者は，渡米の目的は予定しているJ-1プログラムを終えることなので，その目的が終了したら，すみやかに国外に出る意思があることを示さなければなりません．また，親の駐在や研究に同伴してアメリカ生活が長い人の場合は，21歳までは親の同伴家族としてアメリカに滞在できますが，それ以降は自分でF-1学生ビザを申請しなければなりません．ただ，親が帰国したあとも自分だけアメリカで残って就学を希望する場合，ビザ面接時に日本でほとんど学校に行ったことがないため，申請している学校でのプログラムが終了したら本当に本国に戻る意思があるのかと，疑われることもありますので，自分のアメリカでの学業の目的をはっきりと説明できるように準備をした方がよいでしょう．

**(3) Administrative Processing**

2001年9月11日のアメリカ同時多発テロ事件で，航空機をハイジャックした犯人の一人が学生ビザで入国して学校に通っていなかったこと

から，この事件以降外国人学生の滞在資格の監視が厳しくなりました．外国人学生は皆 SEVIS というシステムを通じて，滞在資格に違反がないか移民局から監視されています．特に技術系の学生や研究者であれば，本人が学習する内容が兵器に転用できるような分野であると疑われた場合，Administrative Processing という第 2 次審査に回されることがあります．過去には特にインドや中国などの国で第 2 次審査に回される可能性が多かったのですが，2017 年 4 月にトランプ大統領が Buy American and Hire American という大統領令を発してから，これらの国以外でのビザ面接もかなり厳しくなっているようですので，自分の学習目的をはっきりと説明できるよう，準備をした方が無難でしょう．

The Complete Guide to US Visas *for Students and Researchers*　　　　Chapter 3-4

# 入国・滞在時の注意

## 入国時の注意

### (1) 持参するべき書類

アメリカには，通常 DS-2019 に書かれたプログラム開始日の 30 日前から入国できます．アメリカへの入国時には有効なパスポート，パスポートに貼ってあるビザ・スタンプ，DS-2019，SEVIS 費用支払領収書，さらにアメリカ滞在中に十分な資金がある証明を持参し，入国官に聞かれたらそれらを提示します．もしパスポートを更新して，ビザ・スタンプが古いパスポートに貼ってあれば，古いパスポートも新しいパスポートと一緒に入国官に渡します．

### (2) 入国時の質問に関した注意

入国時には入国の目的やその他の活動を行うかなど聞かれることがあります．J-1 ビザ保持者は J-1 プログラム参加目的で入国しますので，それとは関係ない活動目的での入国は認められません．例えば，J-1 ビザで入国するのに，アメリカで就労するつもりである，アメリカ人のボーイフレンドやガールフレンドと結婚する予定である，あるいはアメリカに永住するつもりである，などといった発言をすれば，その活動に見合ったビザを取り直して入国するように言われるでしょう．

### (3) 第 2 次審査

入国時の質問問答の内容に疑いをもたれた場合，第 2 次審査室につれていかれることがあります．入国目的がビザの種類と異なる場合，それについてさらに詳細情報を入手するために第 2 次審査室で，追加で質問をされることがあります．また，近年外国人に対する入国審査が厳しくなっているために，入国時の問答に問題がなくても，無作為に選ばれて，

第2次審査室に連れていかれる場合もあります。第2次審査で審査官の疑いが晴れれば、入国が許されます。逆に旅行者が入国の意思を偽った、あるいは入国のビザ種類が間違っていると判断された場合、入国を拒否されることもありますので、注意が必要です。

## 入国後の注意

### (1) I-94 情報確認

入国時に滞在資格と滞在期間がオンラインのI-94システムに記入されます。入国後,オンラインの https://i94.cbp.dhs.gov/ からI-94情報を印刷して保管ください。このI-94情報が合法的滞在資格の証拠となるので、本人はパスポートと一緒に保管します。J-1の学生はI-94に書かれる滞在期間には特定の期限がありません。滞在期限の欄にD/Sと書かれていますが、これはDuration of Stayの意味で、DS-2019が有効である限りは滞在期間が有効だという意味です。ただし、DS-2019が有効であっても、学校に行かなくなるなどプログラム参加が中断とみなされると、SEVISシステムに滞在資格を違反した旨が明記されるので注意が必要です。滞在資格を違反した時点からオーバーステイのカウントが始まりますので注意が必要です。オーバーステイが180日を超えるとアメリカに3年間入国禁止処分となり、1年以上だと10年の入国禁止処分となります。SEVISシステムに滞在資格を違反した旨が明記されるので要注意です。

### (2) J-1 スポンサーへの連絡

アメリカに入国したら、すぐにJ-1スポンサーに入国した旨を報告して、Check-inを完了します。この報告を受けて、J-1スポンサーはSEVISシステムに、プログラム開始の記入を行い、本人のJ-1滞在資格が確定します。プログラム開始後30日以内までにCheck-in報告をしないと、J-1の滞在資格を取り消されることがありますので、注意が必要です。

また、J-1プログラム開始後15日が過ぎてから渡米する場合は、入国

拒否，あるいは，第 2 次審査室に連れていかれることがあります．したがって，アメリカへの入国が遅れる場合は，すみやかに J-1 スポンサーに連絡をとり，プログラム開始日と終了日を訂正してもらい，新しい期日の DS-2019 を発行してもらいます．アメリカへの入国時は J-1 ビザ・スタンプと新しい期日の DS-2019 を見せて入国します．

> 入国後まず J-1 スポンサーへ連絡し Check-in を行う

### (3) J-1 スポンサーへの定期連絡

　J-1 スポンサーから送られてきた書類に目を通し，スポンサーの要求事項を把握します．通常，住所を変更するたびに，新しい住所と連絡方法についてスポンサーに連絡をします．また，企業研修やインターンシップの場合は，スポンサーによって数カ月に一回，もしくは研修過程が一つ終わる都度スポンサーに研修状況の報告を義務つけるところもあります．滞在資格を取り消されないように，J-1 スポンサーとの連絡を閉ざさないよう注意が必要です．

　もし，病気などの理由で欠席したり，プログラムを途中で中断せざるを得ない場合は，事前にプログラムを提供するホスト団体と J-1 スポンサーに連絡を取るように心がけてください．休みが長期化する場合も，無断欠勤・欠席で滞在資格が取り消されないよう，事前にホスト団体と J-1 スポンサーに相談するよう心がけてください．

### (4) J-1 プログラム終了

　スポンサーによっては J-1 プログラムが終了後にプログラムの感想を提出するように要求する団体もありますので，それぞれの団体の規定を確認してください．また，プログラム終了後に国外に出た証拠として，他国への入国記録のコピーを提出するように言われる場合もありますので，将来の渡米に影響しないように，スポンサーが要請する事項をすべて確認するように心がけてください．

DS-7002 フォーム（1ページ目）

U.S. Department of State

*OMB APPROVAL NO. 1405-0170
EXPIRATION DATE: 01-31-2021
ESTIMATED BURDEN: 2 hours

## TRAINING/INTERNSHIP PLACEMENT PLAN

**SECTION 1: ADDITIONAL EXCHANGE VISITOR INFORMATION**

Trainee/Intern Name *(Surname/Primary, Given Name(s) (must match passport name)* ― 研修生氏名

E-mail Address ― 研修生 e-mail アドレス

Program Sponsor ― プログラムスポンサー

Program Category ― プログラム分野

Occupational Category / Current Field of Study/Profession ― 職業分類・現在の職業

Experience in Field *(number of years)* ― 関連経験年数

Type of Degree or Certificate / Date Awarded *(mm-dd-yyyy)* or Expected ― 大学専攻, 学位授与日

Training/Internship Dates *(mm-dd-yyyy)* From To ― 研修期間

**SECTION 2: HOST ORGANIZATION INFORMATION**

Organization Name / Phase Site Address / Suite ― ホスト企業名住所

City / State / ZIP Code

Website URL ― ホスト会社ウェブサイト

Employer ID Number *(EIN)* / Exchange Visitor Hours Per Week ― 会社ID番号 一週間の研修時間

Compensation ― 報酬の有無・報酬額

Stipend ☐ Yes ☐ No If yes, how much? ________ per ________

Non-Monetary Compensation ☐ Yes ☐ No If yes, value? ________ per ________

Workers' Compensation Policy ☐ Yes ☐ No If yes, Name of Carrier ________ ― 労災証書

Does your Workers' Compensation policy cover exchange Visitors? ☐ Yes ☐ No, exempt ☐ No, but equivalent coverage ― 労災の有無

Number of FT Employees Onsite at Location ― 研修先の社員数

Annual Revenue ― 年間売上高

☐ $0 to $3 Million ☐ $3 Million to $10 Million ☐ $10 Million to $25 Million ☐ $25 Million or More

**SECTION 3: CERTIFICATIONS**

**Trainee/Intern** - I certify that:

1. I have reviewed, understand, and will follow this Training/Internship Placement Plan (T/IPP);
2. I am entering into this Exchange Visitor Program in order to participate as a Trainee or Intern as delineated in this T/IPP and not simply to engage in labor or work within the United States.
3. I understand that the intent of the Exchange Visitor Program is to allow me to enhance my skills and gain exposure to U.S. culture and business in a way that will be useful to me when I return home upon completion of my program.
4. I understand that my internship/training will take place only at the organization listed on this T/IPP and that working at another organization while on the Exchange Visitor Program is prohibited.
5. I will contact the Sponsor at the earliest available opportunity regarding any concerns, changes in, or deviations from this T/IPP.
6. I will respond in a timely way to all inquiries and monitoring activities of my sponsor.
7. I will follow all of my sponsor's guidelines required for my participation in my program.
8. I will contact the U.S. Department of State's Bureau of Educational and Cultural Affairs (ECA) at the earliest possible opportunity if I believe that my sponsor or supervisor (as set forth on page 3, section 4), is not providing me with a legitimate internship or training, as delineated on my T/IPP; and
9. I declare and affirm under penalty of perjury that the statements and information made herein are true and correct to the best of my knowledge, information and belief. The law provides severe penalties for knowingly and willfully falsifying or concealing a material fact, or using any false document in the submission of this form.

Printed Name of Trainee/Intern ________ *Date (mm-dd-yyyy)* ________

Signature of Trainee/Intern ________

― 研修・インターン生署名欄

DS-7002
02-2018

Page 1 of 5

DS-7002 フォーム（2ページ目）

**Sponsor-**

1. I have reviewed, understand, and will ensure that the Supervisor (as set forth on page 3, section 4) follows this Training/Internship Placement Plan (T/IPP) regarding the Trainee or Intern listed above;

2. I will notify the designated U.S. Department of State's Bureau of Educational and Cultural Affairs (ECA) at the earliest available opportunity regarding any concerns about, changes in, or deviations from this Training/Internship Placement Plan (T/IPP), including, but not limited to, changes of Supervisor or host organization;

3. I will adhere to all applicable regulatory provisions that govern this program (see 22 CFR Part 62), including, but not limited to, the following:
    a. I will ensure that the Trainee or Intern named in this T/IPP receives continuous on-site supervision and mentoring by experienced and knowledgeable staff;
    b. I have confirmed with the Supervisor or host organization representative that sufficient resources, plant, equipment, and trained personnel will be available to provide the specified training or internship program set forth in this T/IPP;
    c. I will ensure that the Trainee or Intern named in this T/IPP obtains skills, knowledge, and competencies through structured and guided activities such as classroom training, seminars, rotation through several departments, on-the-job training, attendance at conferences, and similar learning activities, as appropriate in specific circumstances;
    d. I will ensure that the Trainee or Intern named in this T/IPP does not displace full-or part-time temporary or permanent American workers or serve to fill a labor needed and ensure that the position the Trainee or Intern fills exists primarily to assist the Trainee or Intern in achieving the objectives of his or her participation in this training or internship program;
    e. I certify that this training or internship meets all of the requirements of the Fair Labor Standards Act, as amended (29 U.S.C. 201 et seq.). I also certify that training or internships in the field of agriculture meet all requirements of the Migrant and Seasonal Worker Protection Act, as amended (29 U.S.C. 1801 et seq.)
    f. I will notify the Department of State if I receive information regarding a serious problem or controversy involving the Trainee or Intern named in this T/IPP that could be expected to bring the Department of State, the Exchange Visitor Program, or the Sponsor's exchange visitor program into notoriety or disrepute; and
    g. I declare and affirm under penalty of perjury that the statements and information made herein are true and correct to the best of my knowledge, information and belief. The law provides severe penalties for knowingly and willfully falsifying or concealing a material fact, or using any false document in the submission of this form.

Signature of Responsible Officer or Alternate Responsible Officer _____

Printed Name of Responsible Officer or Alternate Responsible Officer _____   Date *(mm-dd-yyyy)* _____

Name of Sponsor Organization _____   Program Number _____

DS-7002
02-2018

Page 2 of 5

J-1 スポンサー
団体署名欄

DS-7002 フォーム（3 ページ目）

DS-7002 フォーム（4ページ目）

|  |  |
|---|---|
| What plans are in place for the Trainee/Intern to participate in cultural activities while in the United States? | アメリカ滞在中にどのような文化的活動に参加しますか？ |
| What specific knowledge, skills, or techniques will be learned? | 研修と通してどのような特別な知識，スキルや技術を習得しますか？ |
| How specifically will these knowledge, skills, or techniques be taught? Include specific tasks and activities (Interns) and/or methodology of training and chronology/syllabus (Trainees). | どのような手法を通じてこのような知識，スキルや技術を研修生に教えますか？具体的な作業や活動，研修方法，手順，講義概要について説明ください． |
| How will the Trainee/Intern's acquisition of new skills and competencies be measured? | 研修生が習得した新しいスキルはどのようにして評価しますか？ |
| Additional Phase Remarks (optional) | その他事項 |

DS-7002
02-2018

Page 4 of 5

DS-7002 フォーム（5ページ目）

**Phase Supervisor** - I certify that:

1. I have reviewed, understand, and will follow this Training/Internship Placement Plan *(T/IPP)*;
2. I will contact the Sponsor at the earliest possible opportunity if I believe that the Trainee or Intern is not receiving the type of training delineated on this T/IPP.
3. I will actively support the Sponsor by adhering to all applicable regulatory provisions that govern this program *(see 22 CFR Part 62)*;
4. The Trainee or Intern named in this T/IPP will not displace full-or part-time, seasonal or permanent American workers, or serve to fill a labor need;
5. I will conduct the required periodic evaluations of the Trainee or Intern named in this T/IPP;
6. I will notify the designated Sponsor contact at the earliest available opportunity regarding any concerns about, changes in, or deviations from this T/IPP.
7. I will notify the Sponsor in the event of an emergency involving the Trainee or Intern named in this T/IPP, as well as any information that I receive about the Trainee or Intern that might have an effect on that exchange visitor's health, safety, or welfare;
8. I will notify the Sponsor if I receive information regarding a serious problem or controversy involving the Trainee or Intern named in this T/IPP that could be expected to bring the Department of State, the Exchange Visitor Program, or the Sponsor's exchange visitor program into notoriety or disrepute;
9. I am participating in this Exchange Visitor Program in order to provide the Trainee or Intern named in this T/IPP with training or an internship as delineated in this T/IPP.
10. I certify that this training or internship meets all the requirements of the Fair Labor Standards Act, as amended *(29 U.S.C. 201 et seq.)* I also certify that training or internships in the field of agriculture meet all requirements of the Migrant and Seasonal Worker Protection Act, as amended *(29 U.S.C. 1801 et seq.)*.
11. I declare and affirm under penalty of perjury that the statements and information made herein are true and correct to the best of my knowledge, information and belief. The law provides severe penalties for knowingly and willfully falsifying or concealing a material fact, or using any false document in the submission of this form.

Signature of Supervisor _____

【スーパーバイザー署名】

Printed Name of Supervisor _____ Date (mm-dd-yyyy) _____

**PRIVACY ACT STATEMENT**

AUTHORITIES: The information is sought pursuant to Section 102 of the Mutual Educational and Cultural Exchange Act of 1961, as amended *(the Fulbright-Hays Act)(22 U.S.C. 2452)* which provides for the administration of the Exchange Visitor Program *(J visa)*.

PURPOSE: The information solicited on this form will be used to provide clarity of training and intern programs offered by entities designated by the U.S. Department of State to conduct exchange visitor programs; for general statistical use; and to administer the Trainee and Intern categories of the Exchange Visitor Program.

ROUTINE USES: The information on this form may be shared with entities administering the program on behalf of the Department; federal, state, local, or foreign government entities for law enforcement purposes; to members of Congress in response to a request on your behalf . More information on the Routine Uses for the system can be found in the System of Records Notice State-08, Educational and Cultural Exchange Program Records.

DISCLOSURE: Participation in this program is voluntary; however, failure to provide the information may delay or prevent participation in the Exchange Visitor Program.

**PAPER WORK REDUCTION ACT**

Public reporting burden for this collection of information is estimated to average 2 hours per response, including time required for searching existing data sources, gathering the necessary documentation, providing the information and/or documents required, and reviewing the final collection. You do not have to supply this information unless this collection displays a currently valid OMB control number. If you have comments on the accuracy of this burden estimate and/or recommendations for reducing it, please send them to: ECA/EC, SA-4, U.S. Department of State, Washington, DC 20522.

DS-7002
02-2018

# 第4章

# その他のビザ

| | |
|---|---|
| 4-1 その他のビザ | 128 |
| 4-2 H-1B専門職ビザ | 130 |
| 4-3 E条約ビザ | 136 |
| 4-4 L関連会社間移動ビザ | 142 |
| 4-5 O特殊技能ビザ | 148 |

The Complete Guide to US Visas *for Students and Researchers*　　　　Chapter 4-1

# その他のビザ

　アメリカで研究をするためには，F-1 学生ビザや J-1 交換研究者ビザ以外にも，就労ビザを申請して"就労"目的で研究を行うことができます．下記に一般に日本人が申請できるその他のビザについて解説いたします．

　就労ビザは，一般にアメリカの雇用主がスポンサーとなり，アメリカ内で移民局に，もしくは日本のアメリカ大使館かアメリカ領事館に申請するものです．就労ビザは法律や政府の方針が頻繁に変わることがあり，さらに審査も複雑で厳しいため，弁護士など専門家に依頼することも多くあります．

　移民局への請願申請が義務つけられるビザでは，最初に雇用主が移民局にビザの請願書を提出し，これが承認されたら，本人が承認通知書をもってアメリカ大使館やアメリカ領事館でビザ面接を行います．移民局への申請が義務つけられていないビザであれば，申請者は雇用主からのサポート書類を持参して，ビザ面接に行き，面接の場で資格の審査をされます．面接に問題がなければ，ビザ・スタンプが発行され，日本の指定場所にパスポートと一緒に送られてきます．

　下記に，それぞれのビザに関する一般的な情報を解説していますが，就労ビザに関しては法律が頻繁に変わっていますので，申請前に最新の法律や審査の傾向について専門の弁護士に相談する必要があります．

|  | E-1/E-2 | L-1 | H-1B | O |
|---|---|---|---|---|
| 米雇用主 | 最低50％は日本資本 E-1貿易/E-2投資 | 外国派遣元とアメリカの雇用主の資本関係 ＝親会社・子会社，支店，兄弟会社，ジョイントベンチャーの場合は会社を実質的にコントロール | アメリカの雇用主 | 雇用主かエージェント |
| 国籍 | 条約国の国籍保持者のみ *家族の国籍は不問 | 国籍制限なし | 国籍制限なし | 国籍制限なし |
| 経験 | 関連会社や関連職種での勤務経験 | 海外関連会社に1年以上の年勤務経験 | 大学卒業，関連学問専攻 | 科学，美術，教育，ビジネス，スポーツ，映画，テレビ界で国際的，国家的な顕著な業績を上げた人 |
| 職種 | 役員・管理職・特殊技術知識保有者 | 役員・管理職・特殊知識保有者 | 専門職 | 上述の関連分野の職種 |
| 最長滞在年数 | 最長滞在期限，ビザの延長回数に制限なし | L-1A最長7年, L-1B最長5年まで a.初回3年，延長時は2年 b.新規起業の場合，初回は1年，延長時は2年まで c.Lブランケットの場合，初回3年，延長時は一回に3年もしくは残り期間の短いほうまで *例外：アメリカに年間半年以下滞在の場合，5・7年目以降も一年ごとに延長可 | 合計で最長6年まで a.一回の申請で最長3年まで *例外：アメリカに年間半年以下滞在の場合，6年目以降も一年ごとに延長可 | 初回最長3年まで, 1年ずつの延長，延長回数の制限無し |
| 滞在期間 | 滞在期間は毎回入国から2年間 | 承認通知書（Lブランケットの場合はI-129S）の期限まで | 承認通知書の期限まで | 承認通知書の期限まで |
| 配偶者就労 | 申請可 | 申請可 | 申請不可 *例外：永住権申請後，一定条件を満たした場合 | 申請不可 |
| 移民意思 | 移民の意思表明不可 | 移民の意思表明可 | 移民の意思表明可 | 移民の意思表明不可 *本国の住所維持は必要ないが，滞在は短期である意図を示す必要有 |

# H-1B 専門職ビザ

## H-1Bビザとは？

　H-1Bとは専門的知識もしくは特殊技能を有する大学卒業以上の学位取得者を対象とした短期就労ビザの一種です。また、職務内容が専門知識や特殊技能を必要とする専門職であること、職務内容がビザ申請者の取得学位と一致していること、4年制大学の特定専攻分野の人でないとこの専門的業務をこなせないこと、雇用先の在米企業がビザのスポンサーとなることが条件となっています。さらに、雇用主がその地域の同職種に支払われる平均賃金、もしくは申請企業の同職務に支払われている給与のうち、いずれか高い方を支払う義務があります。

## H-1Bビザの申請時期と年間発行枠

　H-1Bビザの年度は毎年10月にはじまり、申請はその6カ月前の4月から受け付けています。アメリカ政府はH-1Bビザの年間発行枠を定めており、普通年間枠が65,000、これとは別に修士号や博士号取得者に対してはさらに20,000枠を設けられています。申請者数が年間枠に達したら翌年度の申請受付までH-1Bを申請できなくなります。ここ数年は好景気のため、年間枠を大幅に上回る申請者がいるために、申請受付は4月の初週で締め切られており、申請者は無作為の抽選によって選ばれています。当選者のみ審査に回されています。ここ数年の当選確率は30％〜50％前後の間で推移しています。

## 年間枠免除期間

　H-1Bの年間枠制限は新規申請者のみに適用されるものであり、雇用主変

更や延長・更新手続きに影響はありません．また，大学機関や政府・特定非営利団体の研究機関などは年間枠の制限がないので，いつでも申請をすることができます．

> 大学機関で働く研究者はいつでも H-1B ビザを申請可能

## 雇用主変更・同時雇用

H-1B はスポンサー企業での就労に限定されていることから，転職を希望する場合，新しい雇用先が新たに H-1B の申請手続きを行わなくてはなりません．また，H-1B はパートタイム申請も可能なため，雇用主が複数いる場合は，それぞれの雇用主が H-1B を申請することで，同時期に複数の企業で就労することもできます．ただし，H-1B 年間枠対象外の雇用主から H-1B 年間枠対象の雇用主に転職するときは，新たに H-1B の年間枠の対象となるので，注意が必要です．

## Dual Intent Protection

H-1B ビザには Dual Intent Protection があるため，「移民の意志」を表すことが認められています．このため，ビザ面接時に将来アメリカに永住する意思があることを表明しても，ビザ審査に影響はありません．また，永住権申請中も引き続き H-1B ビザでアメリカに入国することができます．

## 配偶者と子供のビザは？

H-1B ビザ保持者の配偶者および 21 歳未満の子どもは同伴家族用の H-4 ビザを申請することができます．H-1B の家族は H-1B 保持者の雇用が続く限り，同伴家族としてアメリカに滞在することができます．

## 配偶者の就労許可証

　H-4 ビザを保有する配偶者は通常では就労は許可されません．H-1B 保持者が永住権の申請をはじめて雇用主スポンサー移民申請（I-140）が承認済，もしくは H-1B の 6 年目以降の延長申請をしていれば，就労許可証を申請することができます．また，配偶者本人が独自にビザを取得すれば就労は可能です．就労許可証の申請方法に関しては下記の移民局のリンクを参照ください（https://www.uscis.gov/i-765）．

　なお，H-4 保持者がアメリカ人の仕事を奪っていると，地元の IT 技術者から苦情が出ているために，H-4 ビザ保持者の就労許可証申請を取りやめようという声が上がっています．したがって，H-4 保持者が就労許可証を申請する権限がなくなる可能性もありますので，申請者前に最新の情報を確認する必要があります．

## H-1B ビザの申請方法

　H-1B ビザ申請は下記の手順となります．

**移民局への H-1B 申請（雇用主より）**
　まず，雇用主が移民局に下記の書類を申請します．
(1) I-129 フォームと H サプリメント，Data Collection and Filing Fee Exemption Supplement
(2) Labor Condition Application（LCA）の労働局から承認されたもの
(3) 雇用主サポートレター
(4) 個人情報（パスポート，卒業証書，成績証明書，ビザ・スタンプ，I-94 コピー）
(5) 移民局への申請費用小切手：＄460 基本申請費用，＄500 詐欺

防止費用，$1,500 ACWIA 費用 [1]
(6) G-28 弁護士情報（弁護士を通した場合）
(7) I-907 特急申請フォームと特急申請費用 $1,410（オプショナル）
＊新規申請は移民局が特定期間だけ特急サービスをストップすることがあります．

## ビザ申請・大使館面接

移民局により H-1B が承認されたら，移民局がビザ申請に必要な I-797A Notice of Action 承認通知書を発行します．これが発行されたら，次に申請者は自国のアメリカ大使館かアメリカ領事館でビザ面接を行い，アメリカに入国するのに必要なビザ・スタンプを発行してもらいます．ビザ面接の準備は下記の手順で行います．

(1) オンラインで DS-160 を作成する（デジタル写真をアップロード）
(2) オンラインでビザ申請費用 $190 を支払う
(3) オンラインで面接予約をとる
(4) ビザ面接に申請書類を持参する
(5) ビザが発行され，自宅に郵送される

## ビザ面接に必要な書類

(1) 面接予約確認書（ビザ申請費用支払い番号付き）
(2) DS-160 ビザ申請書類とデジタル写真
(3) I-797A H-1B 承認通知書
(4) H-1B 申請書類のコピー
(5) カラー証明写真 1 枚（5 × 5 cm，6 カ月以内撮影，白背景，眼鏡着用

---

1) ACWIA とは American Competitiveness and Workforce Improvement Act のことで，アメリカの競争力と労働力を向上させる目的に 1998 年 10 月 21 日に制定された法律です．政府は H-1B 申請者から支払われた ACWIA 費用を使って，国内の労働力の技術向上を図り，アメリカの市場での競争力を向上させようと意図しています．社員が 25 名以下の場合には ACWIA 費用は $750 となります．これは初回申請，初回延長時の 2 回のみ支払いが義務付けられています．

不可）
(6) 有効なパスポート（有効期限が6カ月以上あるもの）
(7) 過去10年間に発行された古いパスポート
(8) 犯罪歴のある人は裁判記録と英訳
(9) ビザ申請地の国籍以外の人は滞在資格の証明（在留証明書，日本のビザなど）
(10) 家族同伴の場合は，家族との関係を示す書類（戸籍謄本，結婚証などと英文訳）

**H-1Bビザ社員に対する輸出管理規制**

　2010年12月22日より，H-1B申請書類I-129フォーム上に，輸出許可証の取得を必要とするか，という質問が加わりました．これは，アメリカ国内の軍事に適用可能な特定の技術や技術情報を輸出するには輸出許可証の取得が必要であるという前提の質問です．しかし，実際に物・技術・情報を外国に輸出していなくても，アメリカ国内で働く外国人がそのような技術や技術情報に触れる場合も"みなし輸出"とされます．このため，H-1Bビザ申請者が職場で兵器に転用できる技術に触れる場合は，この質問に"Yes"と回答しなければなりません．"Yes"と回答した場合，雇用主は輸出許可証を申請・取得する必要が出てきます．もし，ここで虚偽の回答を行うと，連邦法違反に問われますので，注意が必要です．
　この質問に"No"と回答した場合，H-1Bビザ申請者が技術系の分野で就労する場合は，アメリカ大使館でのビザ面接のときに，H-1B社員が社内で兵器に転用できるような技術に触れることがあるかを審査するためにAdministrative Processingという第2次面接に回される可能性があります．この場合，アメリカ大使館・領事館は，一般にビザ保持者と同じ部署の社員の名簿と職務に関する情報の提供を求めてきます．H-1Bビザ申請者が兵器に転用できる技術に触れないことが証明されればビザは発行されます．
　上述の理由から，化学，エンジニア，コンピューター系の職種の人が，大使館面接で引っかかることがあります．仮にH-1BやLなど移民局が承認通知書を発行していても，アメリカ大使館・領事館面接で，第2次審査に

回されることもあります。下記 URL に禁止項目カテゴリーなどの詳細情報があります。

- https://www.uscis.gov/working-united-states/temporary-workers/frequently-asked-questions-about-part-6-form-i-129-petition-nonimmigrant-worker（移民局, Form I-129 Part 6 輸出規制の質問の解説）
- https://www.bis.doc.gov/index.php/regulations/export-administration-regulations-ear（商務省産業安全保障局, 輸出規制に関する情報）
- https://www.pmddtc.state.gov/（国務省国防貿易管理局, 輸出規制に関する情報）

**アメリカへの入国**

H-1B のビザ・スタンプが届いたら, 承認通知書に書いてある H-1B の就労開始日の 10 日前からアメリカに入国することができます。入国時にはパスポートとビザ・スタンプと承認通知書を見せて入国します。入国目的を聞かれたら, ビザ面接時・申請書類と同じ回答をし, 入国します。滞在期限は承認通知書と同じ期間まで許されます。ただし, パスポートの期限が承認通知書の期限よりも短い場合は, パスポートの期限までしか滞在を許可されないことがあるので, 注意が必要です。

入国後はオンライン・サイト https://i94.cbp.dhs.gov/ で自分の I-94 情報を印刷し, ビザ種類, 入国日, 滞在期間に間違いがないか確認します。もし I-94 情報に誤記があれば, 近寄りの Deferred Inspection[2] に連絡し, 情報を訂正してもらいます。

---

2) Deferred Inspection とはアメリカ税関国境警備局（Customs and Border Protection）の一部で, 入国時や入国後に問題があった場合に, 入国後に再度審査を行ったり, 情報を訂正してくれる機関です。詳細情報は下記のウェブサイト参照のこと
https://www.cbp.gov/contact/deferred-inspection/overview-deferred-inspection

The Complete Guide to US Visas *for Students and Researchers*　　　　Chapter 4-3

# E条約ビザ

　　日本の研究施設や企業がアメリカに投資し、アメリカに研究施設や企業を設ければ、Eビザで日本から研究者を派遣することができます。

## E条約ビザとは？

　　EビザにはE-1貿易ビザとE-2投資ビザの2種類があり、日本を含む、アメリカと通商条約を終結している相手国のみに適用されます。また、アメリカにある会社の株の過半数を日本企業[3]や日本国籍者[4]が保有していることが条件となります。

## E-1条約貿易商ビザ

　　E-1ビザを申請するには、日米間において相当量かつ継続的な貿易があり、日米間の貿易額（量）が全世界の貿易の51％以上であることが条件となっています。その証拠として、過去6カ月にわたる国際貿易の表を作成し、送り状、船荷証券・航空貨物送り状、支払証明などの情報を記載し、日米間の貿易額（量）が全体の貿易の過半数を超えることを証明します。

## E-2条約投資家ビザ

　　E-2ビザはアメリカ国内に相当額の投資をし、積極的に事業経営を行うビジネスが申請できるビザです。投資金は損失のリスクを伴うものでなけれ

---

[3] Eビザに該当する日本企業とは日本の株式市場上場会社、もしくは株主が個人の場合は株主の最低50％が日本国籍保有者で、アメリカの市民権や永住権を保持していない者に限られます。

[4] Eビザに該当する日本国籍保有者とは、アメリカの市民権や永住権を保持していない者に限られます。

ばなりません．事業経営を伴わない単なる受け身的な資金投資や不動産投資などはE-2の投資としては認められません．また，アメリカで上げる利益が投資家あるいは派遣社員とその家族の生計を支えるだけでは積極的投資事業としては認められません．積極的に現地の雇用を促進することも条件となります．新規投資の場合は，積極的な事業経営の裏付けとして，事業計画書，設備投資計画書，従業員雇用計画書，収益予想などの書類をアメリカ大使館か領事館に提出します．投資額に規定はありませんが，業種や地域などによって異なります．

## Eビザ申請者資格条件

Eビザ申請者は日本国籍者に限られます．ただし，配偶者の国籍は問いません．申請者は，投資家，役員・管理職，あるいはアメリカの企業の運営に不可欠な高度な専門知識保有者が対象となります．一般事務や一般作業員などはEビザ社員としては認められません．

## Eビザの有効期限

ビザ・スタンプの有効期限は5年間．事業が継続し，ポジションの必要性が認められればビザの延長が可能です．ビザ・スタンプは一回に5年まで延長することができます．ビザ有効期限中の入国回数に制限はありません．入国時には入国日から毎回2年間有効な滞在資格をもらうことができます．

## Eビザ会社登録と申請時期

Eビザには年間発行枠はないので，いつでも申請することができます．ただし，Eビザは最初に申請するときだけ，日本のアメリカ大使館かアメリカ領事館にて会社登録を行う必要があります．会社登録書類とビザ申請者の書類を一緒に提出しますが，会社登録手続きに通常1～3カ月ほどかかり

ます．会社登録手続きがおわったら，個人へ面接の連絡が入ります．面接に問題がなければ，通常一週間以内にビザ・スタンプが日本の指定住所に送られてきます．アメリカに最低一人Eビザ保持者がいれば，再度会社登録する必要はありません．その後のビザ申請者は，直接大使館に面接予約をとり，個人のビザの資格を審査してもらうことができます．

## 雇用主変更

Eビザはスポンサー企業での就労に限定されていることから，転職を希望する場合，新しい雇用先が新たにEビザの申請手続きを行わなくてはなりません．

## Dual Intent Protection

EビザにはDual Intent Protectionがないので，Eビザの任務終了後はアメリカを離れる意思があることを表明しなければなりません．ビザ面接時や入国時に将来アメリカに永住する意思があることを表明すれば，ビザ審査や入国に影響が出てくる可能性があります．

## 配偶者と子供のビザは？

Eビザ保持者の配偶者および21歳未満の子どもは同伴家族としてEビザを申請することができます．家族はEビザ本人の雇用が続く限り，同伴家族としてアメリカに滞在することができます．

## 配偶者の就労許可証

Eビザの配偶者はSSN（Social Security Number：社会保険番号）を申請することができます．このSSNは銀行開設や運転免許申請時に必要となります．ただし，SSNだけでは就労することはできません．Eビザ配偶者が

アメリカ国内で就労するためには，就労許可証を申請することができます．就労カードはI-94に書かれてある滞在期間まで許可されます．ただし，メインのEビザ保持者の滞在期間を超えることはできません．就労許可証を申請したら，およそ90日ほどで就労カードが自宅に届きます．就労カードが届いたら職種に制限なく，仕事をすることができます．就労許可証の申請方法に関しては，下記の移民局のリンクを参照ください（https://www.uscis.gov/i-765）．

## Eビザの申請方法

Eビザの申請は下記の手順となります．

**会社登録手続き（初回のみ登録）**

一番最初にEビザを申請する際に，申請者のEビザ申請書類と一緒に会社登録書類を提出しなければなりません．アメリカの雇用主がE-1もしくはE-2の条件に該当することを証明するための書類を提出し，会社登録手続きを行います．まずは，アメリカの雇用主が合法な会社であることを証明するために，会社登記謄本などを提出します．また，アメリカの雇用主が最低50%日本の資本である証拠書類を提出します．

その他には，E-1の場合は，日米間の貿易額・量が国際貿易全体の過半数以上ある証拠書類を提出します．E-2ビザの場合は，日本からアメリカに相当額の投資を行った証拠書類を提出します．相当額の投資とは金額が定められているわけではありませんが，業種によって投資額が異なってきます．事業計画書などを作成して，アメリカにて積極的に利益を生む事業であること，もしくはその計画があることをを証明します．

**大使館でビザ面接**

会社登録が終われば，申請者本人が自国のアメリカ大使館かアメリカ領事館でビザ面接を行い，アメリカに入国するために必要なビザ・スタンプを発行してもらいます．初期会社登録時には個人のビザ申請書類を会社登

録書類と一緒にアメリカ大使館か領事館に郵送しますが，次からの申請者は，会社登録手続きはないので，直接に面接予約をとり，下記の面接書類を準備して，面接時に会社からのサポート書類と一緒に大使館・領事館員に提出します．ビザ面接の準備は下記の手順で行います．

(1) オンラインでDS-160を作成する（デジタル写真をアップロード）
(2) オンラインでビザ申請費用＄205を支払う
(3) オンラインで面接予約をとる
(4) ビザ面接に申請書類を持参する
(5) ビザが発行され，自宅に郵送される

**ビザ面接に必要な書類**
(1) 面接予約確認書（ビザ申請費用支払い番号付き）
(2) DS-160確認書とデジタル写真
(3) DS-156-E "Nonimmigrant Treaty Trader/Investor Application" E条約ビザ申請用紙になります
(4) 雇用主サポートレター
(5) 雇用主サポート書類（会社情報，財務情報，組織図，その他）
(6) ビザ申請者サポート書類（卒業証書，成績証明書，ライセンス・資格，研修修了証，雇用証明書など職務に関連する書類）
(7) G-28弁護士情報（弁護士を通した場合）
(8) カラー証明写真1枚（5×5cm，6カ月以内撮影，白背景，眼鏡着用不可）
(9) 有効なパスポート（有効期限が6カ月以上あるもの）
(10) 過去10年間に発行された古いパスポート
(11) 犯罪歴のある人は裁判記録と英訳
(12) 家族同伴の場合は，家族との関係を示す書類（戸籍謄本，結婚証などと英文訳）

## アメリカへの入国

　Eのビザ・スタンプが届いたら，ビザ・スタンプの有効期限からアメリカに入国することができます．入国時にはパスポートとビザ・スタンプをみせて入国します．入国目的を聞かれたら，ビザ面接時と同じ回答をし，入国します．毎回入国日から2年間有効な滞在資格をもらうことができます．ただし，パスポートの期限が2年未満だった場合は，パスポートの期限までしか滞在を許可されないことがあるので，注意が必要です．

　入国後はオンライン・サイト https://i94.cbp.dhs.gov/ で自分のI-94情報を印刷し，ビザ種類，入国日，滞在期間に間違えがないか確認します．もしI-94情報に誤記があれば，近寄りのDeferred Inspectionに連絡し，情報を訂正してもらいます．

The Complete Guide to US Visas *for Students and Researchers*　Chapter 4-4

# L 関連会社間移動ビザ

　アメリカの研究施設や企業がアメリカ国外にも関連施設や会社を構えていれば，アメリカの研究施設や企業に国外の関連施設や会社から研究者を派遣することができます．

## L ビザとは？

　L-1 ビザとは，関連会社間転勤ビザのことで，日本やアメリカ国外に本社や子会社などをもつ多国籍企業がアメリカの関連会社に駐在員を派遣する場合に利用できるビザです．L-1 ビザを利用するには，アメリカにある会社と日本などアメリカ国外にある派遣前の会社が，本店・支店，または親会社・子会社の関係にあり，親会社・子会社の場合には過半数を超える株式を保有している必要があります．それ以下の株式保有の場合は，実質的に会社経営をコントロールしていることが条件となります．また，同じ株主によって所有・管理されている兄弟会社の関係でも申請できます．

## L ビザ派遣社員の資格条件

　E ビザとは異なり，L ビザは派遣社員の国籍は問いません．派遣社員は，アメリカ入国前の 3 年間のうち最低 1 年間，アメリカ以外の関連会社で役員・管理職，あるいは特殊技能職として務めたことが条件となります．また，アメリカでも役員・管理職，あるいは特殊技能職に就くことを目的としていなければなりません．

## L ビザの有効期限

　ビザ・スタンプの有効期限は国籍によって異なりますが，日本国籍者の

場合は最長 5 年間の発行を受けます．ビザ有効期限中の入国回数に制限はありません．なお，アメリカへの入国時は，ビザ・スタンプと移民局から発行された I-797A 承認通知書の両方を提示し，承認通知書に書かれた期限までの滞在資格（I-94）をもらいます．

新規企業や設立一年未満の会社は，初回は移民局から 1 年間の承認知書をもらうことができます．延長時にはビジネスが事業計画通りに遂行していることを証明しなければなりません．設立後一年以上がたっている会社であれば，初回 3 年の承認をもらうことができます．延長は毎回 2 年まで滞在期限（I-94）を延長することができます．ただし，アメリカでの合計滞在期間は，役員・管理職（L-1A）は最長で 7 年，非管理職（L-1B）は最長で 5 年を超えることはできません．

## L ビザの申請時期

L ビザには年間発行枠はないので，いつでも申請することができます．

## Dual Intent Protection

L-1 ビザには Dual Intent Protection があるため，「移民の意志」を表すことが認められています．このため，ビザ面接時に将来アメリカに永住する意思があることを表明しても，ビザ審査に影響はありません．

## 配偶者と子供のビザは？

L ビザ保持者の配偶者および 21 歳未満の子どもは同伴家族とし L-2 ビザを申請することができます．家族は L ビザ本人の雇用が続く限り，同伴家族としてアメリカに滞在することができます．

## 配偶者の就労許可証

　Lビザの配偶者はSSN番号を申請することができます．このSSN番号は銀行開設や運転免許申請時に必要となります．ただし，SSNだけでは就労することはできません．Lビザ配偶者がアメリカ国内で就労するためには，就労許可証を申請することができます．就労許可証はI-94に書かれてある滞在期間まで許可されます．就労許可証を申請したら，およそ90日ほどで就労カードが自宅に届きます．就労カードが届いたら職種に制限なく，仕事をすることができます．就労許可証の申請方法に関しては，下記の移民局のリンクを参照ください（https://www.uscis.gov/i-765）．

## L-1ビザの申請方法

　Lビザは移民局への請願が必要なビザですので，まずはアメリカの雇用主が移民局にLビザの申請を行います．移民局が請願を承認すれば，承認通知書（I-797A）を発行します．申請者はこの承認通知書をもって，日本のアメリカ大使館かアメリカ領事館でビザ面接を行い，ビザ・スタンプの発行を受けます．

　Lビザの申請は下記の手順となります．

**移民局へのL-1申請**
　雇用主が移民局に下記の書類を申請します．
(1)　I-129フォームとLサプリメント
(2)　雇用主サポートレター
(3)　雇用主サポート書類（会社情報，資本関係，財務情報など）
(4)　派遣社員サポート書類（旅券，大学卒業証明書，成績証明書，資格証書，研修証書，関連会社での雇用証明書など）
(5)　申請費用＄460（基本申請費用），＄500（詐欺防止費用）
(6)　G-28弁護士情報（弁護士を通した場合）
(7)　I-907特急申請フォームと特急申請費用＄1,410（オプショナル）

**大使館でビザ面接**

　L-1 が承認されたら，移民局がビザ申請に必要な I-797A Notice of Action 承認通知書を発行します．これが発行されたら，次に自国のアメリカ大使館かアメリカ領事館でビザ面接を行い，アメリカに入国するのに必要なビザ・スタンプを発行してもらいます．ビザ面接の準備は下記の手順で行います．

**ビザ面接に必要な書類**

(1)　面接予約確認書（ビザ申請費用 $190 支払い番号付き）
(2)　DS-160 確認書とデジタル写真
(3)　I-797A L-1 承認通知書
(4)　移民局に提出した L-1 申請書類のコピー
(5)　G-28 弁護士情報（弁護士を通した場合）
(6)　カラー証明写真 1 枚（5 × 5 cm，6 カ月以内撮影，白背景，眼鏡着用不可）
(7)　有効なパスポート（有効期限が 6 カ月以上あるもの）
(8)　過去 10 年間に発行された古いパスポート
(9)　犯罪歴のある人は裁判記録と英訳
(10)　家族同伴の場合は，家族との関係を示す書類（戸籍謄本，結婚証などと英文訳）

**アメリカへの入国**

　L のビザ・スタンプが届いたら，ビザ・スタンプの有効期限からアメリカに入国することができます．

　なお，入国時にはアメリカ大使館が発行した 5 年間有効なビザ・スタンプと移民局が発行した 3 年間有効な承認通知書を見せて入国しますが，滞在期間は承認通知書の期限までとなります．新規起業，あるいは，設立 1 年未満の会社の場合は，承認通知書の有効期限は 1 年間となります．ただし，パスポートの期限が承認通知書の期限よりも短い場合は，パスポートの期限までしか滞在を許可されないことがあるので，注意が必要です．

　入国後はオンライン・サイト https://i94.cbp.dhs.gov/ で自分の I-94 情

報を印刷し，ビザ種類，入国日，滞在期間に間違いがないか確認します．もしI-94情報に誤記があれば，近寄りのDeferred Inspectionに連絡し，情報を訂正してもらいます．

## Lビザの一括申請（L Blanket Petition）

国内外に最低3つの関連会社もしくは支店がある場合は，移民局の関連会社のリストの申請を行うことにより（L Blanket一括申請），個人のビザ申請過程を簡素化することができます．

Lブランケットを申請するためには，アメリカの雇用主企業が（1）アメリカ国内で事務所を開いて1年以上ビジネスを行い，（2）申請企業はアメリカ国内，もしくは国外に3つ以上の支店や関連会社があり，さらに（3）下記のいずかに該当しなければなりません．

(a) ここ12カ月間に10名以上のLビザ社員の承認を得ている
(b) アメリカ国内の関連会社の総売上が2,500万ドル以上ある
(c) アメリカ国内で1,000名以上の社員がいる

Lビザの一括申請書類には，アメリカ国内外の関連会社のリストを添付し，それぞれの関連会社が個別にLビザの条件に該当する証拠書類を添付します．承認通知書には関連会社のリストが添付されてきます．一括申請は最初3年間認められ，延長時には無期限の一括申請承認通知書が発行されます．Lビザの一括申請が認可されると，それ以降はアメリカ移民局に申請者個別のI-129申請を行う必要がなくなります．申請者はLビザの一括申請承認通知書のコピーをもって，在日アメリカ大使館かアメリカ領事館で直接Lビザの面接審査を受けることができます．Lブランケットによる L-1B（非管理職）ビザの申請者は，大卒，もしくは大卒と同等以上の経験をもつ者でなければなりません．ビザが承認されたら，ビザ・スタンプが一週間以内に自宅に送られてきます．

(1) 面接予約確認書（ビザ申請費用＄190支払い番号付き）
(2) ＄500詐欺防止費用支払い領収書（大使館で払います）

(3) DS-160 確認書とデジタル写真
(4) I-797A L ブランケット承認通知書のコピー
(5) I-129S L ビザ申請書類と雇用主サポートレター（3 部）
(6) 雇用主サポート書類（会社情報，財務情報，資本関係書類等）
(7) ビザ申請者サポート書類（大学卒業証書，成績証明書，資格・研修証書，雇用証明書，その他職務と関連ある書類のコピー等）
(8) G-28 弁護士情報（弁護士を通した場合）
(9) カラー証明写真 1 枚（5×5cm，6 カ月以内撮影，白背景，眼鏡着用不可）
(10) 有効なパスポート（有効期限が 6 カ月以上あるもの）
(11) 過去 10 年間に発行された古いパスポート
(12) 犯罪歴のある人は裁判記録と英訳
(13) 家族同伴の場合は，家族との関係を示す書類（戸籍謄本，結婚証などと英文訳）

**アメリカへの入国**

　ビザが承認されると，アメリカ大使館は 3 部提出した I-129S の一部を保管し，残りの 2 部とビザ・スタンプを申請者の指定住所に郵送します．アメリカへの入国時には，アメリカ大使館が発行した 5 年間有効なビザ・スタンプと 3 年間の有効期限の書かれた I-129S をパスポートと一緒にみせて，I-129S の一部を入国官に渡します．残りの一部は自分の保管用で，次回からの入国時にビザ・スタンプと一緒に見せる必要があるので，パスポートと一緒に保管ください．ビザ・スタンプだけでは入国できませんので，注意が必要です．

　入国時には，I-129S と同じ期間の滞在期間をもらいます．ただし，パスポートの期限が承認通知書の期限よりも短い場合は，パスポートの期限までしか滞在を許可されないことがあるので，注意が必要です．

　入国後はオンライン・サイト https://i94.cbp.dhs.gov/ で自分の I-94 情報を印刷し，ビザ種類，入国日，滞在期間に間違えがないか確認します．もし I-94 情報に誤記があれば，近寄りの Deferred Inspection に連絡し，情報を訂正してもらいます．

The Complete Guide to US Visas *for Students and Researchers*　　Chapter 4-5

# O 特殊技能ビザ

　特定研究分野で世界的に秀でた業績を上げている研究者であればOビザを申請することもできます．

## O ビザとは？

　Oビザとは，科学，芸術，教育，事業，スポーツ，映画，テレビ製作において卓越した業績を挙げた人に与えられるビザです．例えば，ノーベル賞受賞，オリンピック・メダル受賞者であれば，それだけで申請は可能です．その他にも，重要な発明や研究をしている人であれば，下記の8つの項目のうち，その優れた成果を表す証拠の提出を求められます．①国際的に認められている賞の受賞；②卓越した功績を条件とする団体の会員；③専門雑誌に紹介；④その分野の他人の業績評価；⑤その分野で独自の業績；⑥専門分野で出版；⑦知名度のある団体で重要な役割；⑧高収入，もしくはその他の証拠．

## O ビザ有効期限

　Oビザの滞在期間は，アメリカでの活動内容によって決められますが，初回は最長3年まで承認されます．延長時は1年ごとに申請することができます．延長回数に制限はありません．

## O ビザ申請時期

　Oビザには年間発行枠はないので，いつでも移民局に申請することができます．移民局への申請が承認されたら，日本のアメリカ大使館もしくはアメリカ領事館でビザ・スタンプ申請のためにビザ面接を行いますが，ビザ

面接は雇用開始の90日前から申請ができます．

## Dual Intent Protection

OビザにはDual Intent Protectionがありませんので，Oビザの活動が終わったら，アメリカを離れなければなりません．このため，ビザ面接時に将来アメリカに永住する意思があることを表明したら，ビザ審査に影響する可能性があります．

## 配偶者と子供のビザは？

配偶者および21歳未満の子供はO-3ビザを申請することができます．同伴家族はO-1保持者の雇用が続く限り，同伴家族としてアメリカに滞在することができます．

## 配偶者の就労許可証

配偶者は就労許可証を申請することはできません．

## Oビザの申請方法

O-1ビザの申請は，まずアメリカの雇用主あるいはエージェントが移民局にO-1申請書類を提出します．移民局から承認通知書がとどいたら，申請者は日本のアメリカ大使館かアメリカ領事館でビザ面接を行い，ビザ・スタンプを発行してもらいます．

Oビザ申請は下記の手順となります．

### 移民局へのOビザ申請

アメリカの雇用主もしくはエージェントが移民局に下記の書類を申請します．

(1) I-129 フォームと O サプリメント
(2) 雇用主サポートレター
(3) 研究内容に関連する組合（Union）からの Consultation Letter/Advisory Opinion，申請者が卓越した能力を有している裏付けのレター
(4) 卓越した能力を証明する証拠書類最低 3 点
(5) 雇用主との雇用契約
(6) 活動日程表（Itinerary）
(7) 移民局への申請費用 $460 の小切手
(8) I-907 特急申請フォームと特急申請料金 $1,410（オプショナル）
(9) G-28 弁護士情報（弁護士を通した場合）

**大使館でビザ面接**

　移民局への請願書が承認されたら，ビザ申請に必要な I-797A Notice of Action 承認通知書が発行されます．この承認通知書をもって，次に自国のアメリカ大使館かアメリカ領事館でビザ面接を行い，アメリカに入国するのに必要なビザ・スタンプを発行してもらいます．ビザ面接の準備は下記の手順で行います．
(1) オンラインで DS-160 を作成する（デジタル写真をアップロード）
(2) オンラインでビザ申請費用を支払う
(3) オンラインで面接予約をとる
(4) ビザ面接に申請書類を持参する
(5) ビザが発行され，申請者指定住所に郵送される

**ビザ面接に必要な書類**
(1) 面接予約確認書（ビザ申請費用 $190 支払番号付）
(2) DS160 ビザ申請書類とデジタル写真
(3) I-797A O-1 承認通知書
(4) O-1 申請書類のコピー
(5) アメリカの雇用主からの雇用契約書
(6) カラー証明写真 1 枚（5×5 cm，6 カ月以内撮影，眼鏡着用不可）

(7)　有効なパスポート（有効期限が6カ月以上あるもの）
(8)　過去10年間に発行された古いパスポート
(9)　犯罪歴のある人は裁判記録と英訳
(10)　ビザ申請地の国籍以外の人は滞在資格の証明（在留証明書，日本のビザなど）
(11)　家族同伴の場合は，家族との関係を示す書類（戸籍謄本，結婚証などと英文訳）

**アメリカへの入国**

　Oビザスタンプが届いたら，承認通知書に書いてある就労開始日の10日前からアメリカに入国することができます．入国時には承認通知書と同じ期間の滞在資格をもらえます．ただし，パスポートの期限が承認通知書の期限よりも短かった場合は，パスポートの期限までしか滞在を許可されないことがあるので，注意が必要です．

　入国後はオンライン・サイト (https://i94.cbp.dhs.gov/) で自分のI-94情報を印刷し，ビザ種類，入国日，滞在期間に間違えがないか確認します．もしI-94情報に誤記があれば，近寄りのDeferred Inspectionに連絡し，情報を訂正してもらいます．

# アメリカビザに関した よくある質問にお答えします

### Q & A

新規でアメリカビザを取得する際には、本書で解説してきたこと以外にも、いろいろな疑問をもたれると思います。この章では、一般的によくある質問とその答えを下記にまとめました。ご自身の疑問の解決に利用していただけたらと思います。

## ビザ取得に関する質問

**Q** 家族のビザ申請は私（留学者）のビザ申請と同時に行わないといけないのでしょうか？ 後になって申請することもできるのでしょうか？

**A** 家族のビザは後から申請することもできます。Fビザであれば学校から家族用のI-20を発行してもらい、それに署名します。Jビザであれば家族用のDS-2019を発行してもらってください。ビザ面接時に、ビザ申請書類（DS-160）と一緒に家族である証拠として戸籍謄本のコピーと英文訳を提出します。また、本人がアメリカ国内にて滞在資格を維持している証拠として、本人のパスポート、ビザ・スタンプ、I-20（JビザであればDS-2019）とI-94のコピーも添付資料として持参します。申請書類や申請方法については、必ずその都度アメリカ大使館のウェブサイトに行き、アップデート情報がないか確認することが大切です。

**Q** 近いうちに結婚して氏名が変わる予定です。ビザ申請手続きをはじめて、途中で氏名を変更することは可能でしょうか？取得後に変更することも可能でしょうか？

**A** ビザ取得後に氏名が変更した場合、至急パスポートに新しい氏名の記載をしてもらってください。もし、パスポートへの新しい氏名の記載

が間に合わなければ，入国時に結婚証明書を持参し，入国官に氏名が変更したことを説明ください．ただ，無事に入国できたとしても，ビザ・スタンプに書かれてある氏名とアメリカ入国時の氏名が異なる場合，Social Security 番号や運転免許申請時に，移民局につながっている SAVE システムで新しい氏名が確認できないことがあります．氏名の確認ができるまで，Social Security カードや運転免許証は発行されません．そのため，氏名が変更になる場合は，なるべく渡米前に，新しい姓が記載されているパスポートで申請したほうが無難です．

ビザ申請手続き中に氏名が変更になったときは，DS-160 を新しい氏名で再度作成し，面接予約書も名称を変更したほうがよいでしょう．面接予約をオンラインで変更できない場合は，アメリカ大使館に Online Chat で訂正してもらうか，もしくはカスタマーサービスラインに直接電話をして，氏名を変更してもらってください．

**Q スピード違反などの交通違反があるとビザに影響するのでしょうか？**

**A** 一般にビザ審査に影響するのは道徳的犯罪 "Moral Turpitude Crime" を犯した場合です．道徳的犯罪とは通常，意図的な重犯罪を指し，一年以上の禁固刑を伴う可能性のあるものが当てはまります．一般に禁固刑が一年未満の軽犯罪はこれには当てはまりません．逮捕の伴わない単純なスピード違反などの交通違反は軽罪扱いとなるので，一般に道徳的犯罪とは見なされません．しかし，同じスピード違反でも物的障害や人的障害が伴う場合，また，複数回の軽犯歴がある場合などは，州によっては罰則が重くなることもあります．なお，交通違反に関する法律は，州によって異なりますので，必ず交通違反を起こした州の法律を確認して，その違反が当該州でどのような扱いを受け，どのような罰則があるのか確認する必要があります．交通違反の場所が日本である場合は，日本の法律を調べる必要があります．判断に迷うような場合は，専門の弁護士に相談することをおすすめします．

**Q** 飲酒運転で逮捕されましたが，ビザに影響しますか？

**A** 飲酒運転で逮捕された場合，初犯であれば，過去の逮捕歴，違法物所持，第3者に対する人身障害，など重度の追加違反行為がない限りは，ほとんどの州では軽犯罪の判決がい渡されます。軽犯罪だと，判決文を全うすれば，基本的には滞在資格に影響したり，将来のビザ申請を妨げるものではありません。しかしながら，逮捕歴がある場合，DS-160 ビザ申請用紙の質問項目の"これまでに逮捕されたり，有罪判決を受けたことがありますか？"という質問に対して「はい」と回答し，その下の余白に詳細を説明しなければならなりません。この質問には日本での逮捕歴も含まれます。また，在外公館は，いままで過去5年以内に飲酒運転の逮捕歴がある人，もしくは過去10年間に2回以上飲酒運転の逮捕歴がある人，またアルコール依存症だと思われる短期ビザ申請者に対しては，大使館指定医師からの健康診断書の取得を要請することがあります。診断の結果，本人が自分自身や社会に脅威や危害を加えるような障害がない，もしくはアルコール依存症ではないと判断されれば，ビザは発行されます。

　逮捕歴がある人は，将来ビザ・ウェイバーを使って入国することはできなくなります。しかしながら，入国禁止に当たる内容でなければ，ビザウェイバーの代わりに B-1/B-2 の短期商用・観光ビザやその他のビザを申請することはできます。ただ，逮捕歴がある人は，アメリカ大使館やアメリカ領事館でのビザ申請時に裁判記録一式（Certified copy）の提出を求められ，FBI のバックグランドチェックをされるので，ビザ申請は通常よりも1〜2カ月ほど長くかかることがあります。無事にビザが発行されても，入国時に逮捕記録が入管のシステムに出てくると，別室に連れて行かれることがあります。この時に再度逮捕について状況を聞かれますので，毎回入国する際にも警察の逮捕記録や裁判所の判決記録の Certified copy を証拠として持参した方がよいでしょう。いずれにしろ，"飲んだら運転しない！"を心がけましょう。

**Q** 2〜3カ月の短期期間だけ海外の研究室に見学に行きたいと思っています．その場合は ESTA で滞在してよいのでしょうか？それとも何らかの労働ビザの申請が必要でしょうか？

**A** アメリカへの渡米目的が見学であり，研究室で研究に従事するものでなければ ESTA で入国するか，B-1 短期商用ビザを申請することができます．出張ではなく，個人で見学にいくのであれば，B-2 観光ビザを申請することもできます．入国時に入国目的を聞かれた場合にそなえて，アメリカの研究室から招聘レターなどを取得し，アメリカで研究室を見学するものであることをレターに記載してもらい，入国官に聞かれたときには提示できるように準備しておいたらよいでしょう．たとえ短期でもアメリカ側機関から給料をもらったり，研究成果がアメリカの機関にとって有益になる場合は，J-1 交流訪問者ビザや H-1B などの短期就労ビザの取得が必要になります．詳しくは第1章のビザ選択についての解説をご覧ください（17ページ）．

**Q** 以前に研究のためにイランに滞在したことがあります．アメリカが警戒している国の滞在歴があるとビザ取得に影響するでしょうか？何か注意点があったら教えてください．

**A** 2015年度に施行されたビザ免除プログラムの改定およびテロリスト渡航防止法により，2011年3月1日以降にイラク，シリア，イラン，スーダン，リビア，ソマリア，イエメンを訪問したビザ免除該当国の旅行者は，ビザ免除プログラムを利用してアメリカに入国できなくなりました．該当者は，アメリカに入国するためには，B-2 観光ビザやその他の短期就労ビザを申請することはできます．しかしながら，ビザ免除プログラム該当国の軍事や政府の公的任務遂行にこれらの国を訪問した場合は，例外とされます．

**Q** ビザ申請の代行業者というのをネットで見つけましたが，これらの人にお願いをしないといけないものなのでしょうか？それとも自分だけで行うことも十分に可能なのでしょうか？

**A** ビザ申請は自分でも準備ができますが、ビザ代行業者や弁護士を通して申請することもできます。この本は個人で申請することを想定して作成していますので、ESTA、F-1 や J-1 ビザであれば、この書籍にある手順に従って準備をしてもらえれば、個人で申請することは十分に可能です。実際に留学する学生や研究者の多くは個人で申請しています。ただし、H-1B、E、L ビザなどの就労ビザに関しては、関連の法律がかなり複雑なため、専門家を通して申請したほうが無難だと思われます。

　ビザ代行業者を使う場合は、代行業者が個人の代わりにオンラインの書類を作成し、面接予約をとってくれます。代行業者にお願いする場合には、申請費用とは別に代行費用を支払う必要があります。ビザ代行サービスは、ビザの申請書類作成の代行を行うもので、法律の専門家ではないので、法律に関する相談や入国時の問題、さらに入国後の問題について相談はできません。もし過去に犯罪歴や逮捕歴、滞在資格に違反したことがあれば、専門の弁護士に相談したほうがよいでしょう。

**Q** 以前にビザを取得してアメリカに滞在したことがあります。再度新規に取得して渡米しようと思っていますが、それは可能でしょうか？どのぐらいの期間が空かないといけないなどありますでしょうか？

**A** 過去にアメリカに滞在していた場合、次回入国までに期間を空けたほうがよいのか、何に注意したほうがよいのかなどに関しては、過去の渡米目的、滞在していたビザ種類、滞在期間によって異なってきます。例えば、過去に就労ビザで長期間アメリカに滞在していた場合、次回アメリカに個人的に ESTA で渡米する場合、アメリカでの就労を疑われる可能性があるため、アメリカで不法に就労するものではない証拠として日本での就労証明書などを持参し、入国時に聞かれたら、日本で働いている証拠を提示できる準備をした方がよいでしょう。法律上、どれくらい経っていたら入国できるといった決まりはありませんが、できたら一年間は日本で就労の実績ができてから渡米した方が無難です。それ以下でも入国できないわけではありませんで、入国官によって、審査時の厳しさは異なってきます。

**Q** ビザの申請は渡航予定のどのくらい前から準備をはじめるべきでしょうか？

**A** F-1やJ-1の学生ビザ申請はかなり早めにはじめる必要があります．まずは，希望大学の入学が許可されなければ，ビザの申請の準備はできません．渡米希望の最低でも1年前から希望の大学から入学願書などの書類を取り寄せ，入学申請を行います．大学から入学の許可がでたら，ビザ申請に必要なI-20やDS-2019を発行してもらいます．ただ，I-20やDS-2019の発行にかかる時間が大学によってかなり異なってきますので，事前に大学に問い合わせてください．I-20やDS-2019が発行されたら，ビザ面接予約をとります．ビザ面接に問題がなければ，通常1週間以内にビザ・スタンプが貼られたパスポートが指定住所に送られてきます．

J-1の研修ビザの場合は，最低でも4〜6カ月前から準備をはじめた方が無難でしょう．研究室に留学する場合には，留学をはじめたい時期の半年ほど前には留学先のボスからの受け入れ承諾をもらい，ビザの準備を開始したほうがよいでしょう．J-1研修もしくはインターンの場合はビザ申請の前にJ-1スポンサー団体にビザ申請に必要なDS-2019を発行してもらうのに先立って，研修計画書を承認してもらわなければなりません．研修計画書作成時間はそれぞれの研修先会社・大学によって異なります．過去にJ-1研修を行ったことのある会社や大学であれば準備が比較的スムーズにいく場合が多く，J-1研修ははじめての会社であれば，研修計画作成に時間を要することもあります．研修計画書ができたらJ-1スポンサー団体に研修計画書とJ-1申請書類を提出しますが，この審査時間はJ-1スポンサー団体によって，また季節によって，かなりの差がでてきます．早くて一週間で審査が終わる場合もあれば，2〜4週間以上かかることもあります．したがって，申請が決まったら，事前にスポンサー団体に審査時間について問い合わせ，また特急申請などを行っているかも打診することです．団体によっては，追加料金もしくは無料で特急申請を行うところもあります．研修計画書が承認されたら，J-1スポンサー団体によっては英語のテストや電話による英語の面接を行い，アメリカで研修を行うための十分な英語力があると判断さ

れた暁には，ビザ申請に必要な DS-2019 が発行されます．DS-2019 が発行されたら，ビザ面接予約をとります．時期によってアメリカ大使館のビザ面接が混雑していて，数週間ビザ面接を受けるまで待つ必要があることもあります．ビザ面接に問題がなければ，通常 1 週間以内にビザ・スタンプが貼られたパスポートが指定住所に送られてきます．

**Q アメリカ大使館の面接ではどんなことが聞かれるのでしょうか？（F ビザ・J ビザなどで分けて解説お願いします）**

**A** ビザ面接では，面接官によって質問内容が若干ことなり，また申請者の過去の渡米歴や目的によって，面接の質問が左右されてきます．一般的に基本的な質問として，渡米目的，申請者の学歴，職歴，アメリカ訪問歴，アメリカでの親族友人等，日本での連絡先（家族以外の人），留学資金（残高証明や親の資金援助）などについて聞かれます．審査官によっては，さらに留学先（場所，大学，専攻）を選んだ理由，なぜ日本では学習できない内容なのか，などについても聞いてくることもあります．また，J-1 研修の場合は，アメリカでの研修がなぜ日本ではできないのか，アメリカで研修後，その研修成果がどのように日本での業務に活用されるのかなどについても聞かれることがあります．渡米目的や学習目的がはっきりしていないと，却下されることがあるので，基本的な事項ははっきりと英語で説明できるように準備したほうがよいでしょう．

　ひっかけ問題として，卒業後はアメリカで就労するのか，アメリカに永住する意思があるか，などと聞かれることがあります．F-1 や J-1 ビザは，学習後には帰国する意思を示さなければならないビザなので，学習終了後はアメリカに居残る意思を示したら，ビザは却下されます．したがって，卒業後の計画について，十分に英語で説明できるよう準備することが大切です．

**Q アメリカ大使館の面接にはどのような服装で行ったらよいでしょうか？**

**A** 正装する必要はありませんが,あまりラフな格好にならないよう,清潔な身なりで面接に行ってください.服装で悩む場合にはスーツでいくのも手です.また,アメリカに結婚目的で行く印象を与えないよう,あまり派手な身なりも避けた方がよいでしょう.第一印象は大切なので,申請書類に書いたような学習目的と矛盾しないような身なりで面接に赴いてください.

**Q** アメリカに入国する際にはどのようなことを聞かれるのでしょうか? 注意点を教えてください.

**A** 入国時の質問は個々の審査官によっても異なります.一般的には渡米目的,アメリカでの滞在期間について聞かれます.また,過去にアメリカに来たことがあるのか,いつ来たのか,どれくらい滞在したかなども聞かれることがあります.さらに,旅行者が面接官に与える雰囲気や回答内容によって,アメリカで就労するつもりか,アメリカに居残るつもりか,など追加で質問されることもあります.旅行者は必ず自分のビザ種類に見合った回答するように心がけてください.例えば,J-1 で入国するのに,アメリカにボーイフレンドやガールフレンドがいる,結婚する予定である,などといった回答をすると,観光目的の入国ではなく,結婚目的の入国でアメリカに居残ると思われる可能性があるので,要注意です.回答内容に問題があれば,第2次審査室に連れて行かれ,さらに詳しく,今までの学歴,職歴,アメリカの滞在先,滞在目的,アメリカでの親族・友人,プログラム終了後の予定などについて追加質問されることもあります.

**Q** ビザで入国する際には ESTA の申請は不要でしょうか?

**A** 一般に有効なビザ・スタンプをもっている場合は,ビザの種類と同じ目的で入国するのであれば,ESTA の申請は不要です.もし,ビザ種類とは異なる目的で入国する場合は,ESTA ないし目的に合ったビザで入国することが大切です.

## アメリカ滞在に関する質問

**Q** 私の留学に妻も一緒についてきてくれるのですが，アメリカで何らかの仕事をできればと思っています．仕事をすることは許されるのでしょうか？

**A** F-1学生の配偶者は就労許可証を申請することができません．配偶者が雇用主を見つけて仕事をしたい場合は，配偶者本人が就労ビザの資格を満たして，雇用主にH-1BやEビザのスポンサーをしてもらい，ビザの申請を独立して行うことが必要です．

J-1の配偶者（J-2）は，J-1スポンサーの許可があれば就労許可証を申請することができます．配偶者の就労許可証には就労範囲に制限がありません．ただ，この配偶者の収入源がJ-1訪問者の生活を支えるものであることはできません．J-1交流訪問者はアメリカに滞在に必要な十分な収入があることが必要ですが，その不足分を配偶者の給料で補うことはできません．

**Q** J-1ビザ取得の際に申告した仕事と違う短期アルバイトなどを，留学中に行うことは許されるのでしょうか？何らかの許可が必要でしょうか？

**A** J-1学生の場合は，J-1スポンサーの許可があればアカデミック・トレーニングをすることができます．J-1研究員の場合は，J-1スポンサーの許可があれば講義をしたりコンサルティングをすることもできます．

**Q** F-1ビザの学生ですが短期アルバイトなどを，留学中に行うことはできるのでしょうか？何らかの許可が必要でしょうか？

**A** F-1学生は学期中には20時間まで夏休みなどの間は40時間までオン・キャンパスで仕事をすることができます．オン・キャンパスで仕事というのは学校の図書館，コンピューターラボ，カフェテリア，学部の事務，教授の助手などの仕事を指します．学校内の仕事がみつかったら，イ

ンターナショナルオフィスに連絡をとり，承認をされたら，学校内で仕事をすることができます．

　学校以外で仕事をしたい場合は，学校に 9 カ月在籍したら，Optional Practical Training（OPT）を申請することができます．OPT は移民局に就労許可証申請します．OPT の就労期間は合計で 12 カ月までです．その他にも，学部の許可とインターナショナルオフィスの裏書があれば Curricular Practical Training（CPT）を申請して，学校外で働くこともできます．CPT の就労期間は合計で 12 カ月までですが，12 カ月全部を使った場合，OPT を申請できなくなるので注意が必要です．いずれも，大学の専攻と一致した職種に限られます．また，学期中は週 20 時間まで，夏休みなどの休み中は 40 時間まで働くことができます．

**Q　アメリカで子供が生まれた場合には新規にビザを取得する必要があるのでしょうか？**

**A**　アメリカで子供が出生した場合，アメリカの出生地主義により自動的にアメリカの市民となりますので，ビザを取得する必要はありません．アメリカの出生証明書を取得して，アメリカのパスポートを申請することができます．

**Q　日本に一時帰国する際には何らかの手続きが必要でしょうか？持っていかないといけない書類などを教えてください．**

**A**　日本に帰国する際には，帰国前に I-20（F ビザ）/ DS-2019（J ビザ）といった在学資格証明書にインターナショナルオフィスの Designated School Official（DSO）に裏書してもらいます．裏書は 6 カ月間有効ですので，これが失効する前にアメリカに戻ってきます．出国前に裏書をもらうのを忘れた場合は，日本から学校に連絡をし，至急裏書した I-20/DS-2019 を郵送してもらってください．5 カ月以上アメリカを離れていれば，在学資格を取り消されることがあるので注意が必要です．

**Q** 家族が途中で日本に帰国する際には何らかの申請等の報告が必要でしょうか？

**A** 家族が途中で日本に帰国するのに特別な申告は必要ありませんが，帰国前に大学のインターナショナル・オフィスのDSO（Designated School Official）にI-20（Fビザ）/DS-2019（Jビザ）に裏書をしてもらわなければなりません．この裏書きは6カ月有効なのでこの間にアメリカに戻ってくることができます．本人もしくは家族が国外に出るときは，必ずインターナショナル・オフィスのDSOに事前に報告をして，最新の情報や注意事項を入手してください．

**Q** 研究室で首になったり，ラボが消滅して，職を失った場合には，すぐに帰国しないといけないのでしょうか？それとも新たな職を探す猶予期間を与えられるのでしょうか？

**A** J-1保持者には30日の猶予期間がありますので，その間に帰国の準備をするか，他のJ-1スポンサーを探すことができます．2018年5月10日に発表された移民局の新しいポリシーにより，猶予期間を過ぎて滞在を続けるとF-1学生やJ-1交流訪問者も不法滞在扱いとなりますので，猶予期間を過ぎる前に次のスポンサーを見つけるか帰国するようにしましょう．解雇までに時間の余裕があれば，滞在資格をJ-1からB-2観光ビザに変更する申請を移民局に提出することにより，解雇後も数カ月間だけアメリカに残って引っ越しの準備などを行うことができます．

**Q** 大学での成績が悪かったら，退学になって，学生ビザが失効してしまうのでしょうか？その場合にはすぐに日本に帰国しないといけないのでしょうか？

**A** 大学によって，成績に関する規定がありますので，渡米前に学校の規定を確認し，最低ラインの成績制限と，規定の成績を満たさない場合

の扱いについて把握してください．通常，滞在資格を違反した場合は猶予期間はありませんが，もし，病気や家族の看病など特別な理由があれば，事前にインターナショナルオフィスのDSO（Designated School Official）の許可をもらえば，15日の猶予期間をもらうことができます．もし特別な理由がなければ，退学処分の通知がきたら，他の学校に転校手続きが可能か，何日以内に国外に出なければならないか，すぐにDSOに相談に行ってください．

**Q** アメリカでのさまざまな手続きにはSocial Security Numberがあると楽だと聞いたのですが，どのビザの人だともらえるのでしょうか？

**A** Jビザをはじめとした就労ビザでは申請・取得ができます．通常学生ビザ（Fビザ）の場合はSocial Security Numberを申請することができません．また，J-2やH-4などの同伴家族も取得できません．ただし，OPTや就労許可証を取得した場合は，Social Security Numberを申請することができます．

**Q** 妻と離婚を考えています．離婚をすると付帯ビザで滞在している妻は帰国しないといけなくなるのでしょうか？

**A** 配偶者はF-1やJ-1保持者の同伴家族として渡米していますので，離婚が成立すると，ビザ滞在資格を失います．したがって，アメリカ国内で離婚をする場合は，離婚が成立する前にB-2観光ビザなどに滞在資格を変更したほうが無難でしょう．

**Q** 大学を卒業してからOPTで働きはじめる前に，休みをとって一時帰国したいと思っています．可能でしょうか？

**A** F-1学生は学業を終了後は自国に帰国する意思をみせるビザですので，学業が終わった後もOPTでアメリカで働く意思のある場合は，自国への帰国は極力避けた方がよいでしょう．しかしながら，どうしても一

時帰国の必要がある場合は，有効なパスポート，有効な F-1 ビザスタンプ，I-20 の裏書，有効な OPT カード，と OPT の雇用主からの雇用オファーレターを持参して，入国時にこれらをみせて入国してください．ただし，入国時に OPT 終了後の計画について聞かれることがあるので，F-1 ビザの規定通りに，OPT 終了後は自国に戻る意思を示す必要があります．

　また，OPT 期間中に合計で 90 日間の非雇用期間があれば，OPT は失効するので，注意が必要です．STEM-OPT の人は，この期間にさらに 60 日を追加し，OPT と STEM-OPT 期間中に合計で 150 日の非雇用期間があれば，STEM-OPT は失効するので注意が必要です．

# 用語集

**Glossary**

この用語集では，本文に登場する用語や書式の名称・略称などを一覧としてまとめました．

Administrative Processing （▶79, 116, 134 ページ）
　ビザ面接時の第 2 次審査．

AR-11 （▶38 ページ）
　住所変更届け．短期就労・学生ビザ保持者もしくは永住権保持者は，住所を変更する際に提出しなければいけない．

CPT （▶83 ページ）
　Curricular Practical Training の略称．

D/S （▶37, 82 ページ）
　Duration of Stay の略称．

Deferred Inspection （▶135 ページ）
　アメリカ税関国境警備局（Customs and Border Protection）の一部で，入国時や入国後に問題があった場合に，入国後に再度審査を行ったり，情報を訂正してくれる機関．

DHS （▶40 ページ）
　Department of Homeland Security の略称．国土安全保障省．

DS-156-E （▶140 ページ）
　E ビザを申請するときのフォームの一種．会社情報の Part I, II と個人情報の Part III の構成となっている．

DS-160 （▶25, 48, 110 ページ）
　非移民ビザを申請する際に必要なオンライン申請書類．

DS-2019 （▶88, 107 ページ）
　"Certificate of Eligibility for Exchange Visitor (J-1) Status"．J-1 ビザを申請する資格を承認されれば，J-1 スポンサーから発行される，ビザ申請に必要な書類．

DS-7002 （▶101, 121 ページ）
　"Training/Internship Placement Plan"．J-1 研修計画書．

DSO （▶42, 162 ページ）

Designated School Official の略称。留学生のビザ関連の監督・アドバイスをし、滞在資格情報を SEVIS にアップデートする人。

Dual Intent Protection （▶43, 104, 131, 138, 143, 149 ページ）

移民する意思を示してもよいという条項。一般に H-1B と L ビザのみ移民する意思を示してもよいビザとされている。

EAD （▶81 ページ）

Employment Authorization Document の略称。就労許可証。

ECFMG （▶90 ページ）

Educational Commission for Foreign Medical Graduates の略称。医療研修を希望する際に申請先となる、国務省に認可された J-1 スポンサー団体。

ESTA （▶18, 44 ページ）

Electronic System for Travel Authorization の略称。ビザ免除プログラム。

FFRDC （▶90, 95 ページ）

Federally Funded Research and Development Center の略称。連邦政府資金による実践研究センター。

G-28 （▶133, 140, 144, 150 ページ）

"Notice of Entry of Appearance as Attorney or Accredited Representative"。弁護士や代理人による申請書類に付ける書類。

I-20 （▶46 ページ）

"Certificate of Eligibility for Nonimmigrant Student Status"。アメリカの大学や教育機関への入学が許可されると発行される、ビザ申請に必要な書類。

I-94 （▶36, 42, 81, 119 ページ）

出入国記録で、毎回入国時にオンラインにパスポート情報、ビザの種類、入国日と滞在期間が記録される。

I-129 （▶132, 144 ページ）

"Petition for a Nonimmigrant Worker"。短期非移民就労ビザ申請書類。

I-140 （▶132 ページ）

"Immigrant Petition for Alien Workers"。雇用主による移民ビザスポンサー申請（＊自己スポンサーの場合もある）。

I-644 (▶93ページ)

"Supplementary Statement for Graduate Medical Trainees". J-1 交換訪問者が医学教育や研修を更新する時に提出する書類．

I-797A (▶143, 150ページ)

"Notice of Action". 移民局から発行される通知書で，新たに I-94 が発行される場合の承認通知書．

I-797B

"Notice of Action". 移民局から発行される通知書で，就労ビザ種類の申請時に発行される場合の I-94 が付いてこない承認通知書．

I-901 (▶46, 109ページ)

F-1 や J-1 の留学生や交換訪問者が支払う Student and Exchange Visitor Information System（SEVIS）費用の支払い用フォーム．

I-907 (▶133, 144ページ)

"Request for Premium Processing Service". 特定就労ビザの請願書を提出する際に利用できる特急申請サービス．

I-983 (▶85ページ)

STEM OPT の延長を申請する際に必要となる，雇用主が研修目的を明確にした研修計画書．

L ブランケット (▶146ページ)

アメリカ国内外に多くの関連事業をもち，国外の関連会社からアメリカに多数の駐在員を派遣する場合に使う関連会社包括申請のこと．

NSID (▶40ページ)

National Security Investigations Division の略称．国家安全捜査局．

OPT (▶83ページ)

Optional Practical Training の略称．

SEVIS (▶40, 46, 109ページ)

Student and Exchange Visitor Information System の略称．移民局が J-1 や F-1 学生の滞在資格をモニターするシステム．

SEVP (▶40ページ)

The Student and Exchange Visitor Program の略称．学生・交換者訪問プログラム．

SSN （▶138,144 ページ）

Social Security Number の略称．社会保障番号．

STEM OPT （▶84 ページ）

化学，技術，工学，数学などの理系専攻の学生が，最初の OPT をさらに 24 カ月延長できる OPT のこと．

# あとがき

◇

　1998年，3人の子どもの出産がおわってから，34歳でロースクールと経営学大学院に行こうと一大決意して，渡米してからはや20年が経ちました．大学院在学中は，インターナショナルオフィスでGraduate Assistant（GA）として仕事をしていたことから，滞在資格維持や就労許可など，留学生が直面するさまざまな問題に関与しており，自分も含め外国人がアメリカで就学や就労するために，どれだけ情報を入手しにくいかを実際に体験しました．在学中は，留学生にはどのような就労制限や就労許可があるのか自分なりに模索し，その後インターナショナルオフィスでGAの仕事に就いてからは，留学生がかかわる法律についても勉強をすることができました．また，インターナショナルオフィスの活動の一環として，説明会やセミナーを通して，自分たちが遵守すべき法律に関し，留学生の知識向上を図るよう尽力していました．

　卒業後は税法に進む選択肢もありましたが，自分が学生ビザで渡米していたこともあり，弁護士事務所で移民法の就職を選びました．自分自身，学生ビザから就労ビザ，そして永住権の申請という過程をたどり，また子どもが永住権取得後，日本国籍を残すかアメリカの市民権をとるかなどについても，それぞれの選択肢についていろいろと熟考しました．このような経験から，学生ビザ，就労ビザ，永住権，市民権，子どもの問題など，一般にお客様から受ける相談内容は，私自身の抱えてきた問題でもあるので，とても人ごととは思えません．

　昨年度，野口弁護士の紹介から大須賀先生と一緒に世界中の学生向けの移民法に関するウェビナーを担当させていただきました．このセミナーを通して，一般の法律の解説以外にも，自らの体験にもとづき，留学生が気になるポイントについて解説をいたしました．また，研究者の皆様とのやりとりを通し，一般の留学生は弁護士に相談しないで，自分でビザを申請し

ているために，特に日本語でのビザ関連情報が不足しているために大変困っているということを認識いたしました．これがきっかけで今回の学生向けの移民法書籍の執筆に至ることになりました．本書はビザ申請に当たる手順や注意すべき点などについて解説しておりますので，この書籍がアメリカに留学を検討されている皆様の役に立てば幸いです．

　トランプ大統領が就任してから，移民法もますます厳しくなってきています．留学生にとっても厳しい内容の法律も出てきています．このように日々新しい情報が出てきており，移民法も随時変更しています．このような状態の中，この書籍がカバーできる範囲も限られてきますが，引き続き移民法の更新情報として，ウェブサイト（https://usvisastation.com）に最新情報を掲載していく予定ですので，ビザ申請にあたっては，常に最新の情報を確認してください．また書籍のところどころに移民局のウェブサイトのリンクも添付していますので，ビザを申請する前に，必ず最新情報を確認するように心がけてください．

　この書籍がより多くの皆様の役に立つことをお祈りしております．

**2018 年 10 月**
テイラー・イングリッシュ・ドゥマ法律事務所
パートナー・ジョージア州弁護士
大藏昌枝

# 著者プロフィール

◇

**大藏昌枝**
**テイラー・イングリッシュ・ドゥマ法律事務所，パートナー**
ジョージア州弁護士．福岡県出身．東京外国語大学外国語学部中国語学科卒業．サウス・カロライナ大学ロースクール・ビジネススクール卒業，Juris Doctor（法学博士）/MBA学位授与．米国公認会計士試験合格．ジョージア州弁護士資格取得．渡米前は，日本にて製造業，証券業界，金融業界で勤務．アメリカで大学院在学中は，国際留学生オフィスにて留学生のビザや就労に関する指導を行う．その他にも，大手保険会社で医療保険監査，法律事務所で日系企業の独占禁止法訴訟文献のドキュメント・レビューに従事．卒業後，大手法律事務所にて，南東部へ進出する日系企業の移民法・雇用法相談の他にも会社設立やその他ビジネス全般に及ぶ幅広い法律相談サービスを提供．また，各種セミナー・講義や執筆活動も積極的に行う．日本語，英語，中国語の3ヶ国語に精通．カナダ・オンタリオ州在住歴．著書に『アメリカの陪審制度と日本の裁判員制度—陪審制の発展と意義』（エディックス）がある．

# 監修者プロフィール

◇

大須賀 覚
**米国エモリー大学ウィンシップ癌研究所**

がん研究者．横浜出身．筑波大学医学専門学群卒業．医学博士．かつては日本で脳腫瘍患者の手術・治療に従事．その後，基礎研究の面白さに魅了されてがん研究者に．2014年に渡米して難治性脳腫瘍に対する治療薬開発を行っている．臨床と基礎研究の両面を知る背景を生かし，一般向けにがんを解説する活動も行っている．また，「アトランタ日本人研究者の会」を主催するなど，日本人留学生のネットワーク構築の手助けや，米国留学に関する情報発信なども積極的に行っている．

野口剛史
**OFS Fitel, LLC. 社内弁護士**

ジョージア州弁護士．東京都出身．ジョージア工科大学航空宇宙工学学部卒業．アトランタジョン・マーシャル法科大学法務博士（Juris Doctor）．大学進学で渡米，大学時代は工学を学んでいたが，卒業後に働きながら法科大学に通い，弁護士資格を取得．その後は，工学と法律の知識を活かし，特許・商標・企業機密など知的財産にかかわる分野で，ジョージア州ただ一人の日本人米国特許弁護士として活躍している．大学進学で渡米以来，学生ビザ・就労ビザ・グリーンカード（永住権）取得など，さまざまなビザ・滞在資格取得を実際に経験している．その経験も活かして，「US Visa Station」（www.usvisastation.com/）という本書と連動したアメリカ移民・ビザ関連の情報を提供するサイトの運営者もしている．

# 研究者・留学生のためのアメリカビザ取得完全マニュアル

2018年12月15日 第1刷発行

著　者　大藏昌枝
監　修　大須賀 覚，野口剛史
発行人　一戸裕子
発行所　株式会社 羊 土 社
　　　　〒101-0052
　　　　東京都千代田区神田小川町2-5-1
　　　　TEL　　03（5282）1211
　　　　FAX　　03（5282）1212
　　　　E-mail　eigyo@yodosha.co.jp
　　　　URL　　www.yodosha.co.jp/

© YODOSHA CO., LTD. 2018
Printed in Japan

ISBN978-4-7581-0849-2

ブックデザイン　イトウコウヘイ
印刷所　　　　　株式会社平河工業社

本書に掲載する著作物の複製権，上映権，譲渡権，公衆送信権（送信可能化権を含む）は（株）羊土社が保有します．
本書を無断で複製する行為（コピー，スキャン，デジタルデータ化など）は，著作権法上での限られた例外（「私的使用のための複製」など）を除き禁じられています．研究活動，診療を含み業務上使用する目的で上記の行為を行うことは大学，病院，企業などにおける内部的な利用であっても，私的使用には該当せず，違法です．また私的使用のためであっても，代行業者等の第三者に依頼して上記の行為を行うことは違法となります．

JCOPY ＜（社）出版者著作権管理機構　委託出版物＞
本書の無断複写は著作権法上での例外を除き禁じられています．複写される場合は，そのつど事前に，（社）出版者著作権管理機構（TEL 03-5244-5088，FAX 03-5244-5089，e-mail：info@jcopy.or.jp）の許諾を得てください．

# 羊土社のオススメ書籍

## はじめてでもできてしまう科学英語プレゼン
### "5S"を学んで、いざ発表本番へ

Philip Hawke, 太田敏郎／著

ネイティブ英語講師が教える理系の英語での伝え方の「基礎の基礎」，手順をStory, Slide, Script, Speaking, Stageの5Sプロセスに整理．これに倣えばはじめてでも立派に準備できる！

■ 定価（本体1,800円＋税）　■ A5判
■ 127頁　■ ISBN 978-4-7581-0850-8

## トップジャーナル395編の「型」で書く医学英語論文
### 言語学的Move分析が明かした執筆の武器になるパターンと頻出表現

河本　健，石井達也／著

医学英語論文をもっとうまく！もっと楽に！論文を12のパート（Move）に分け，書き方と頻出表現を解説．執筆を劇的に楽にする論文の「型」とトップジャーナルレベルの優れた英語表現が身につきます！

■ 定価（本体2,600円＋税）　■ A5判
■ 149頁　■ ISBN 978-4-7581-1828-6

## 音声DL版 国際学会のための科学英語絶対リスニング
### ライブ英語と基本フレーズで英語耳をつくる！

山本　雅／監，田中顕生／著，Robert F. Whittier／著・英語監修

国際学会の前にリスニング力が鍛えられる実践本！基本単語・フレーズ集・発表例・ライブ講演の4Step構成で効果的に耳慣らしができます！ノーベル賞受賞者の生の講演も収録．大好評書籍の音声ダウンロード版．

■ 定価（本体4,300円＋税）　■ B5判
■ 182頁　■ ISBN 978-4-7581-0848-5

## 行動しながら考えよう
### 研究者の問題解決術

島岡　要／著

行動しながら考えれば，あなたの研究生活を取り巻く「悩み」を解決できる．重苦しい悩みに足を絡め取られた状態で漫然と実験をするのはもうやめよう．あなた自身を取り戻し，あなたが一番するべき仕事に集中しよう．

■ 定価（本体2,400円＋税）　■ 四六判
■ 239頁　■ ISBN 978-4-7581-2078-4

---

発行　羊土社 YODOSHA　〒101-0052　東京都千代田区神田小川町2-5-1　TEL 03(5282)1211　FAX 03(5282)1212
E-mail : eigyo@yodosha.co.jp
URL : http://www.yodosha.co.jp/

ご注文は最寄りの書店，または小社営業部まで

# 羊土社のオススメ書籍

# ベストな留学へ

## 経験者がノウハウを伝授！

# 研究留学のすゝめ！
渡航前の準備から留学後のキャリアまで

Finding Your Best Way!

編集 UJA（海外日本人研究者ネットワーク）
編集協力 カガクシャ・ネット

様々な？ギモンに経験者がお答えします！
留学先選び／グラント獲得／家族・パートナー／生活セットアップ／コミュニケーション／ジョブハント

本書を持って世界に飛び立ち，研究者として大きく羽ばたこう！

編集／UJA（海外日本人研究者ネットワーク）
編集協力／カガクシャ・ネット

■定価（本体 3,500 円+税）　■1色刷り　■A5 判　■302 頁
■ISBN978-4-7581-2074-6

## Profile

### UJA（海外日本人研究者ネットワーク）／編集

海外各都市にある日本人研究者コミュニティが連合し，設立．
世界に拡がる日本人研究者どうしがつながり，お互いに高め合うことを目的に，

① 留学を考える人へ情報・支援を提供する窓口の整備
② 日本・国際舞台において活躍し続けるための相互支援とキャリアパスの透明化
③ 教育・科学技術行政機関との情報交換および連携

上記の 3 つのミッションを掲げて活動を行っています．

### カガクシャ・ネット ／ 編集協力

大学院留学希望者および経験者のネットワークを築くことで，

① 国内外の大学院教育についての理解の促進
② 大学院留学の支援
③ 留学後のキャリア構築支援

を実行し，国際的に活躍できる人材を育成することで，日本の科学技術の未来に貢献する
以上のミッションを掲げ，活動を行っています．

---

発行　羊土社 YODOSHA

〒101-0052　東京都千代田区神田小川町2-5-1　TEL 03(5282)1211　FAX 03(5282)1212
E-mail：eigyo@yodosha.co.jp
URL：www.yodosha.co.jp/

ご注文は最寄りの書店，または小社営業部まで

# 実験医学をご存知ですか!?

 実験医学ってどんな雑誌？

## ライフサイエンス研究者が知りたい情報をたっぷりと掲載！

「なるほど！こんな研究が進んでいるのか！」「こんな便利な実験法があったんだ」「こうすれば研究がうまく行くんだ」「みんなもこんなことで悩んでいるんだ！」などあなたの研究生活に役立つ有用な情報、面白い記事を毎月掲載しています！ぜひ一度、書店や図書館でお手にとってご覧になってみてください。

 生命科学・医学の最新情報を特集してるよ

今すぐ研究に役立つ情報が満載！

| 特集では | ➡ 免疫、がんなど、今一番Hotな研究分野の最新レビューを掲載 |
| 連載では | ➡ 最新トピックスから実験法、読み物まで毎月多数の記事を掲載 |

こんな連載があります

 **News & Hot Paper DIGEST**  トピックス
世界中の最新トピックスや注目のニュースをわかりやすく、どこよりも早く紹介いたします。

 **クローズアップ実験法**  マニュアル
ゲノム編集、次世代シークエンス解析、イメージングなど
有意義な最新の実験法、新たに改良された方法をいち早く紹介いたします。

 **ラボレポート** 読みもの
海外で活躍されている日本人研究者により、海外ラボの生きた情報をご紹介しています。
これから海外に留学しようと考えている研究者は必見です！

その他、話題の人のインタビューや、研究の心を奮い立たせるエピソード、ユニークな研究、キャリア紹介、研究現場の声、科研費のニュース、論文作成や学会発表のコツなどさまざまなテーマを扱った連載を掲載しています！

---

Experimental Medicine
**実験医学** 生命を科学する 明日の医療を切り拓く

月刊 毎月1日発行 B5判 定価(本体2,000円+税)
増刊 年8冊発行 B5判 定価(本体5,400円+税)

詳細はWEBで!! [実験医学 online] [検索]

お申し込みは最寄りの書店、または小社営業部まで！

TEL 03(5282)1211　MAIL eigyo@yodosha.co.jp
FAX 03(5282)1212　WEB www.yodosha.co.jp/

発行 羊土社